閩南海上帝國

—— 閩南人與南海文明的興起

湯錦台——著

謹以此書獻給開拓海洋的閩南先民們！

作者序

　　台灣四面環海，海洋是台灣生存的根本，是台灣的生命之源。史前時期，台灣居民很早就與環南海區域展開了海上貿易。但進入近代，直到十六世紀末期，主要來自福建的商人、漁民和海上活動家，才開始陸續進出台灣西海岸水域，打開了台灣與外面世界的正式接觸。從此，台灣進入了漢人移民社會與開通現代海上貿易的發展時期。

　　在台灣周邊海域中，又以台灣海峽是台灣最重要的生存保障，它是連接最近的亞洲大陸塊的通道和控制北上與南下資源與商品運輸的要衝，其重要性自不待言。但台灣島南北兩個方向的海域，對確保台灣的生存空間，也是唇齒相關，失去了對這兩個海域的發言權與支配權，台灣在海上無立足之地，會在當前亞洲激烈的海上軍事競爭與海洋資源爭奪中被永遠淘汰出去。

　　從十六世紀中期起，台灣北方的東海海域就十分不平靜，因為它是日本浪人與地方軍閥勢力頻繁出沒與覬覦之地。先有嘉靖年間倭寇對中國大陸東南沿海的頻繁騷擾，後有萬曆年間豐臣秀吉部將欽門墪和德川家康治下長崎地方官有馬晴信、長谷川權六與村山等安的謀占台灣，更有一六○九年九州薩摩藩的入占琉球王國。最後，日本在一八九五年更乾脆併吞了台灣；經過五十年的殖民占領後，才因二戰失敗而被迫退出。然而，時至今日，日本仍以琉球制約著台灣對釣魚台列嶼主權的實際擁有，台灣的海軍至今未敢進入其十二海里主權水域範圍內。

相對而言，台灣南方廣闊的南海海域，從宋朝以來，一直都是中國海商與波斯、阿拉伯、印度、馬來和菲律賓群島的商人和平通商的世界最大海洋貿易區之一，並隨著漢人在這一帶海上貿易力量的成長，共同帶動了南海貿易港市與南海文明的興起。台灣也因其連接南海與東海海域的樞紐地位，而成為荷蘭人占台之前閩南人開闢出來的新貿易據點。

　　但是十六世紀西方白人勢力從海上武裝入侵之後，南海即陷入動盪。東南亞各邦國紛紛淪為歐洲國家的殖民地，資源受到大量掠奪，台灣也一度遭受荷蘭人的殖民。當時幸有以鄭芝龍、鄭成功為代表的閩南人海上武裝貿易集團的勢力控制了台灣海峽，打破歐洲人壟斷東亞與南海貿易的局面，將台灣收回漢人移民的手中，才使東亞的政治格局相對平穩地維持了近兩百年之久，也使西方勢力遲遲無法從南海經台灣海峽進入東海海域。直到鴉片戰爭中國敗於英國人的船堅砲利之後，東亞的態勢，才全面改觀。

　　遺憾的是，日本帝國主義力量隨後加速上升，除在十九世紀末侵占台灣外，又於二次大戰期間取代了歐洲殖民者，成為東南亞的新征服者，肆意奴役和屠殺當地居民以及搜刮當地資源。在此同時，美國也在十九世紀末利用擊敗西班牙帝國的機會，侵占菲律賓群島，並在二次大戰結束後，以亞洲新支配者的姿態，在短短的二十幾年內，發動了韓戰與越戰兩場巨大的現代戰爭；但在承受巨大損失後，不得不於上世紀七〇年代，軍事上全面退出東南亞。苦難的亞洲在經歷了五百年以上西方與日本的掠奪性破壞後，直到此時，才算進入政治、經濟與文化全面自主發展的新時代。

　　為了彰顯閩南人的進取力量，闡揚他們繼鄭和船隊的遠洋敦睦外交之後，在明代歐洲人東進時期，以民間力量，抗衡西方武力在亞洲的擴張，開拓台灣與海外的漢人移民社會，並一反西方的霸道，與南海各國人民和平相

閩南海上帝國

處，為開發東南亞經濟做出偉大的貢獻，我在二〇〇五年年底出版了《閩南人的海上世紀》一書，即是獻給這些推動中國人海上世紀的閩南先民們。

本書的出版，正逢東南亞已經擺脫西方殖民統治，遠離越戰遺留的冷戰陰影，伴隨中國大陸的改革開放帶來的快速發展，各國同時進入經濟蓬勃上升的時期。在這一時期，世界見證了東南亞國家在沒有外力羈絆，與掌握自身發展的和平環境下，只花十幾年時間，便與中國大陸市場緊密結合，展現出巨大經濟潛力和發展速度。包括日本、韓國和中國在內的非東南亞國家，也像東南亞國家一樣，熱切期待亞洲經濟能夠整合成為一個巨大的共同市場，為亞洲創造出一片光明的前景。台灣更以高度的熱情積極擁抱這個近在咫尺潛力無限的世界下一個經濟熱區，以新南向政策投入大批人才與資金。

然而，事與願違，伊拉克戰爭結束後，美國再度大力推動軍事重返亞太政策，一下子就打破了各國共同塑造的美好願景，從東海到南海，美國拉攏上世紀冷戰年代結合起來的盟友，甚至夥同遠在歐洲的北約組織成員國全面推動的新圍堵政策，以逆人類歷史走向的戰略思路反全球化，欲圖從政治、經濟和軍事上在東亞和東南亞形成割裂這個世界的新局；這段期間，人們看到了二次戰後沉寂了相當時期的日本軍事力量又重新在東海、南海活躍，菲律賓和越南與中國大陸加劇爭奪南海島嶼的行動更未曾稍歇，從二次大戰以來圍繞台灣、南海的空中與海上軍事活動密度達到了前所未有的高度。不只是個別國家與中國大陸經濟融合的步伐隨時受到挑戰，連整個區域的經濟和發展前景，都受到中美兩國供應鏈調整的高度衝擊。

對於夾在大國夾縫中的台灣而言，面對的不僅是在大國之間如何選邊站的問題，也是在釣魚台列嶼與南海島嶼的主權爭議中完全喪失話語權的困境；更嚴重的是在東西文明的衝突中又一次淪為決戰場，將過去數十年我們

融入全球化的成果毀於一旦。留給後人的將是一個不可知的亞太的未來。

歷史上，台灣曾經是帶動環南海區域海洋貿易的重心之一。史前台灣島上的居民以海洋為家，早就與環南海區域的島嶼和國家建立了貿易往來。史前時代的四千到兩千五百年前，台灣卑南地區的成型玉器像耳飾玦、管珠、鈴形玉珠、玉環等，已經在菲律賓的呂宋島和巴拉望島出現；進入鐵器時代的兩千五百至兩千一百年前，東南亞地區已進入鐵器時代，供製作玉飾品的台灣玉的玉材，更已沿著從菲律賓北部、呂宋島南部延伸到越南南部及泰國南部的軌跡，與東南亞和來自印度洋方向的海上商人交換玻璃飾品和鐵器等。從鄭成功開始，他和他的繼承人鄭經把建構大陸東南沿海與台灣及東南亞的貿易作為其整個反清力量的經濟重心。隨著大陸一帶一路的成型，東南亞成為引領世界脫離舊的殖民經濟型態，向二十一世全新的世界經濟格局推進的時期，緊隨其後的是環北印度洋區域的南亞次大陸和阿拉伯世界朝著同一個方向的衝刺。然而在這一波世界格局的轉變中，台灣卻迷路了，在跟隨美國傳統舊秩序的慣性驅使下，放棄了背靠歐亞大陸立足海洋的歷史本位，將發展的重心繼續投入美國本土，卻與亞洲這兩大區塊的快速成長漸行漸遠，形成了不對稱的比例。

歷史的殷鑑是，西方過去雖然給亞洲帶來了先進的知識與科技，但也帶來過無窮的禍患與破壞。五百多年來基督教文明主導下的世界是非洲、拉丁美洲和亞洲長期落後貧困的根源，直到過去二三十年，這種格局才開始改變。給世界的和平與繁榮帶來了曙光，處在這一變革中心地帶的台灣，應勇於擺脫舊的思維，像史前台灣的居民一樣，以本身取得的成果成為積極融入本區域經濟文化變革的主體力量。

本書的再版，主要是為了重溫塑造了台灣主體居民的閩南先民在歐洲人

從海上進入亞洲後，如何在逆勢中打造了足以抗衡西方資本力量並成為其不可或缺的依靠力量的海上商業帝國的故事。今天東南亞各國人民，已經從歷史的發展軌跡中，找到了最適合亞洲自身發展與生存的道路。溫故而知新，作為曾經是亞洲融合道路上重要帶動力量的我們，應從閩南人、馬來人、越南人、暹羅人、菲律賓人，還有其他人種共同創造南海文明的歷史當中，認識我們的過去，並汲取歷史的經驗，相互包容，千萬不能重蹈夢魘，陷入循環的歷史悲劇中而無法自拔。

湯錦台

目　次

005　｜作者序

013　｜第一章　越王勾踐的後人
　　　吳、楚、越登上歷史舞台／遍布南疆的百越之民／越王勾踐的後人／
　　　一個帶有閩越特色的漢化群體的誕生

031　｜第二章　「蕃舶」競發指泉州
　　　海上絲綢之路的興起／第七到第九世紀的泉州／五代的閩國／大食商人的東來／鼎盛時期

059　｜第三章　崛起在南海航線上
　　　從占城到暹南三邦／潮人林道乾兄妹／在馬來半島東西兩岸／
　　　從三佛齊、爪哇到渤泥、蘇祿和麻逸諸邦

081　｜第四章　北印度洋的帆影
　　　西出安達曼海／過蘇門答臘／錫蘭古國／印度馬拉巴海岸／在天方夜譚的國度裡

129　｜第五章　葡萄牙人的東來
　　　阿巴克奇占領果阿／麻六甲的淪陷／從皮雷斯出使中國到澳門的開埠

147 ｜第六章　東亞貿易時代的來臨
　　　西班牙人抵達菲律賓／火燒馬尼拉／生理人不斷南下呂宋／英國東印度公司的崛起／
　　　荷蘭東印度公司的挑戰／東亞貿易時代的來臨

165 ｜第七章　中西海上勢力進入初期的台灣
　　　中國人對台灣的最早認知／歐洲人東來初期對台灣的認識／漢人魍港聚落的出現／
　　　歐洲人與台灣的最早接觸／台灣融入了世界貿易的大循環

183 ｜第八章　閩南海上帝國與南海文明的興起
　　　從會安古城到暹羅大城／呂宋島上的閩南生理人／
　　　在熱帶胡椒產銷集散地萬丹的閩南交易商／閩南人新天地巴達維亞／
　　　閩南人海上版圖的擴張／南海文明的興起

210 ｜附錄　一幅展現了明代閩南人海洋視野的地圖
　　　明代航海圖是如何重見天日的？／誰是製圖者？／有否仿照其他中外地圖？／
　　　明代航海圖所反映出來的閩南人海外貿易網絡／一份珍貴的人類文化遺產

224 ｜閩南人相關歷史要事年表

I

第一章
越王勾踐的後人

大約六、七萬年前，人類的共同祖先「晚期智人」離開了孕育繁衍他們的非洲大陸，開始了向世界各地擴散的漫長歷史旅程。

　　這些早期的人類，有一支循著印度次大陸，在三、四萬年前，經由今天的中南半島進入東亞大陸，在長江以南地區，結合了當地的氣候、山川、海洋，形成了具有中國南方人種特徵的古人類，並經歷了從舊石器時期進入新石器時期的歷程，開創了人類古文明的重要分支。

　　在這個進化過程中，從現在的太湖流域到福建、廣東之間的沿海地帶，出現了多個具有新石器時代特色的上古文化，包括杭州灣南岸寧紹平原的河姆渡文化（約七千至四千九百年前）、太湖周圍的良渚文化（約五千三百至四千年前）和馬家濱文化（約四千九百至三千五百年前）；閩江下游的曇石山文化（約七千至五千年前）、漳州九龍江流域到潮汕韓江流域一帶的浮濱文化（約三千五百至二千九百年前）、廣東北部的石峽文化（約四千九百至四千七百年前）、珠江三角洲的大灣文化和台灣的大坌坑文化（約七千

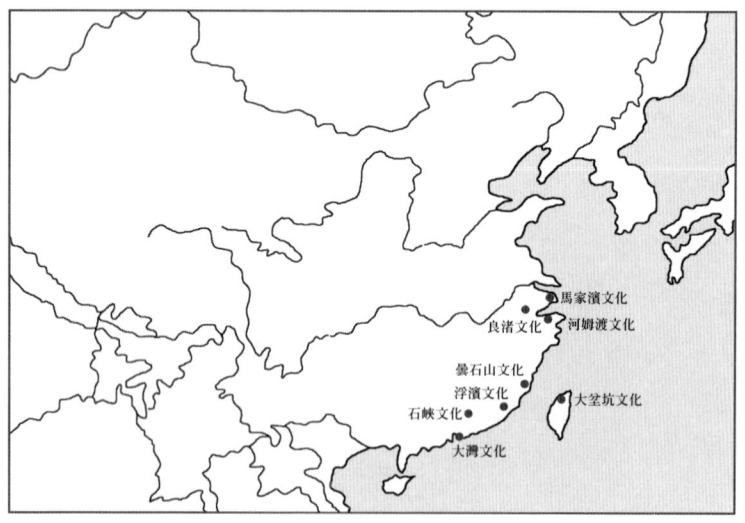

◆中國大陸與台灣新石器時代古文化分布圖。

至四千七百年前）等。這些上古文化已經具有製作帶有紋飾的實用陶器的能力，並種植稻米，從事農業活動。另外，居住在海邊的人群也發展出相當的航海能力，大坌坑文化在台灣的出現或可說明這點。

因為公元一九六四年在淡水河口觀音山山腰的八里鄉大坌坑發現其遺物，因而以發現地命名的這一古文化，是台灣進入新石器時期的產物。它散布在台灣北部、中部和南部各地，以石斧、石錛、石鑿、石鏃等打磨石器為其代表。與舊石器時期自中南半島或大陸東南地區來到台灣的古人類所代表的長濱文化，[1]有顯著的不同。它已經開始生產帶有粗繩紋裝飾的陶器。

由於大坌坑文化的繩紋陶器，與浙江河姆渡文化年代較早的陶器遺物類似，在金門富國墩和大陸東南地區也普遍存在同類器物，因而一些學者認為它是由大陸渡海傳來的，早期大陸南方居民的航海能力也因此受到注意。

這種航海能力一直傳承了很久。例如，也是在淡水河口的八里鄉發現的十三行遺址，[2]就出土了從漢朝到唐朝的銅錢和宋朝、元朝的瓷器。屏東的龜山也出土過類似的中國貿易物品，證明了漢文化與台灣史前文化的接觸。

吳、楚、越登上歷史舞台

大約進入中國歷史的夏、商時期，也就是四千年前至三千五百年前左右，以河南偃師二里頭和河南安陽殷墟等為代表的早期青銅文化出現在華北大地。這標誌了黃河流域先民的文明進化程度，已經大大超越了仍然處於石器時期的長江以南地區。

但是，隨著人口的交流和先進文明的擴張，大約三千多年前北方進入周朝統治以後，先進的青銅器也開始進入南方地區，這些器具以兵器為主，如廣東石峽發現的青銅鏈、短劍、矛，福建南安的銅戈、矛，廣西武鳴的銅刀、矛、斧等。[3]

軍事的發展帶來國家組織的出現。位於太湖之濱的吳、越兩國和長江中游的楚國是南方最早出現的三個強國。

　　吳國傳說始於太伯，太伯又傳說是住在今陝西武功縣的周人始祖后稷的後裔。到了太伯的兄弟仲雍的第十九世孫壽夢，時當春秋晚期，國勢轉趨強盛，在公元前五八五年定都梅里（在今無錫東南六十里，後遷都到無錫的闔閭城，到夫差時遷往姑蘇，即今蘇州），壽夢自稱「吳王」，「凡從太伯至壽夢之世，與中國（指周王朝）時通朝會，而國斯霸焉」。[4]

　　吳國歷史的發展，說明了在三、四千年前，由於周人的擴張，北方的人種南下與當地的人口結合，並將北方的文明帶給長江南岸靠海之地。經過了數百年的發展，注入了較先進文明的吳國，在壽夢的推動下，廣結北方諸侯，學習周朝禮樂，慢慢以「荊蠻之鄉」而有「成天子之業」的雄心。[5]

　　同一時期，在長江中游，另一個強國「楚」的勢力也方興未艾。楚的先祖傳說是周文王的老師鬻熊，因為輔佐有功，周成王分封他的孫子熊繹到荊楚（現在的湖北睢山與荊山之間）。[6]與吳國的情形一樣，這是北方民族與南方土著部落的結合。熊繹帶著當地土人，「辟在荊山，蓽路藍縷，以處草莽，跋涉山林」。[7]

　　到了春秋初期，周朝王室衰微，楚君熊通在公元前七百四十年自立為「楚王」，其子楚文王定都於郢（音「穎」，今湖北江陵縣北七十里處），國勢更盛。公元前六〇六年楚莊王帶兵到洛邑，試圖問鼎中原，與春秋中期的霸主晉國形成了對立的局面。公元前五九七年兩國大戰於邲（今河南鄭州北邊），晉軍戰敗，由此奠定了一段時期內楚國與晉國共為共同霸主的地位。

　　在晉、楚對峙期間，吳國也在不斷擴張國力。正好壽夢自立為吳王的第二年，楚國派大夫申公巫臣出使齊國，申公巫臣卻丟下一切，帶著一個美婦人夏姬投奔晉國。他到了晉國之後，又說服晉侯聯吳，派他出使吳國。

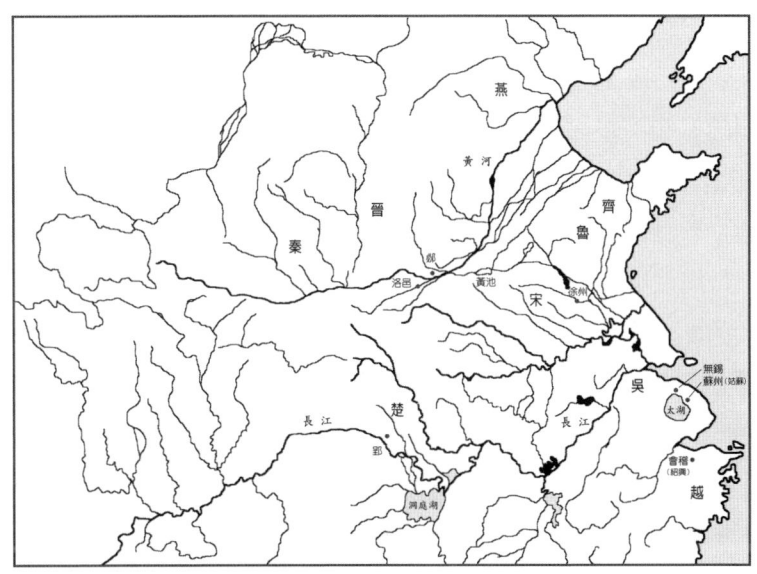

◆春秋時期南方及北方國家勢力分布圖。

　　申公巫臣到了吳國，勸服了吳國與晉國通好，並教導吳人兵車作戰和行軍戰陣，然後又挑撥吳人攻打楚國。雙方經過多年的反覆交鋒後，「蠻夷屬於楚者，吳盡取之，是以始大」。[8]

　　吳、楚的爭鬥給吳國鄰近的越國帶來了崛起的機會。

　　越國與吳國、楚國一樣，也有託古的傳說。相傳是夏禹臨終時囑咐群臣，在他死後將他葬於越地的會稽（今浙江紹興）。禹的兒子啟繼承帝位後，定下了春秋祭禹的規矩。到了第六代的皇帝少康，為恐禹的祭祀斷絕，於是封其庶子無餘於越，春秋兩季負責拜祭禹墓。無餘到了南方的越地以後，與當地土民住在一起，耕田打獵，不設宮室，過著質樸的生活。無餘傳了十幾世，到了允常即君位時，向吳國進貢，送給吳王闔閭「魚腸」、「磐郢」和「湛盧」三把寶劍。[9]

　　但「湛盧」卻不知何故落到了楚昭王手中，吳王闔閭大怒，派投奔到吳

國的楚國大臣伍子胥和齊國軍事家孫武帶兵伐楚，奪走楚國城池。之後又以允常不跟隨吳國伐楚而出兵伐越。

公元前五〇六年，闔閭再接再厲，攻下了楚國的都城郢，楚昭王遷都鄀若（今湖北宜城東南），國勢自此衰落下去。

闔閭打敗楚國之後，留在郢都享樂，遲遲不想回國。允常為報吳國攻打之仇，便趁機伐吳，吳王急忙抽兵回國，迫使允常撤兵。

公元前四九六年，闔閭趁允常病逝、其子勾踐即位的機會，再度發兵伐越。勾踐砥礪將士大敗吳軍，闔閭本人也因傷重不治而死，由太子夫差繼位。

公元前四九四年，勾踐因恐懼吳人報復，先發制人，出兵北伐吳國，反為夫差大敗於夫椒（今蘇州西南）。吳軍乘勝南下，勾踐困守會稽山。經重金賄賂吳國太宰嚭之後，闔閭答應了越王的求和。

為了麻痺闔閭，勾踐臥薪嚐膽，卑躬屈膝，並送上美女西施，鬆懈吳王對越國的戒心。

就在越國勵精圖治的時候，吳國卻忙於爭奪中原霸業。公元前四八五年，夫差由海路北上伐齊，打敗了齊國。公元前四八二年，為與晉國會盟，爭奪盟主地位，再度伐齊，在黃池（今河南封丘西南）盟會上迫使晉國承認了它的盟主地位。勾踐獲悉吳軍北上，認為機會千載難逢，兵分兩路，一路由大臣范蠡率軍自海路北上，進入淮河，切斷吳軍歸路，一路自陸路進入吳國，攻下姑蘇，火燒吳王與西施尋歡作樂的姑蘇台，移走吳軍的舟船。夫差匆忙歸國，與勾踐勉強達成和議。但吳國自此國疲民困。越國卻日益強盛。

公元前四七八年，吳國發生飢荒，勾踐第二次攻入姑蘇。又過五年，勾踐「視吳上下不相得，收其眾，以復其仇，入（姑蘇）北郭，圍王宮」。吳國求和，[10]勾踐應允夫差遷往甬江以東，管理百戶人家，夫差感無顏見人，自殺身亡。

勾踐滅吳後，國勢益盛，會諸侯於徐州，號令北地群雄，成為春秋時期中國的最後一個霸主。

遍布南疆的百越之民

吳、楚、越的相繼崛起和相互爭鬥，一方面凸顯了從原始部落群體發展出來的弱肉強食本能，已經上升到了國家間的征戰和兼併形式。另一方面也突出了南方民族全面加快吸收北方的文明教化，並融入其國家成長消亡與霸權更替興衰的過程。

同時在這個過程中，吳人、楚人和越人之間頻繁交叉互動，從語言到生活文化上，相互密集影響，然後又在中原民族南向征討和擴張的進程中，帶動比吳、楚、越更南方的地區出現新的政治結構。一個脫離了原始面貌，並被納入中原歷史發展軌跡的南疆歷史格局，就這樣慢慢形成。而貫穿這一段歷史的主體，就是後人所習稱的以越國之民命名的「越人」或「越族」。

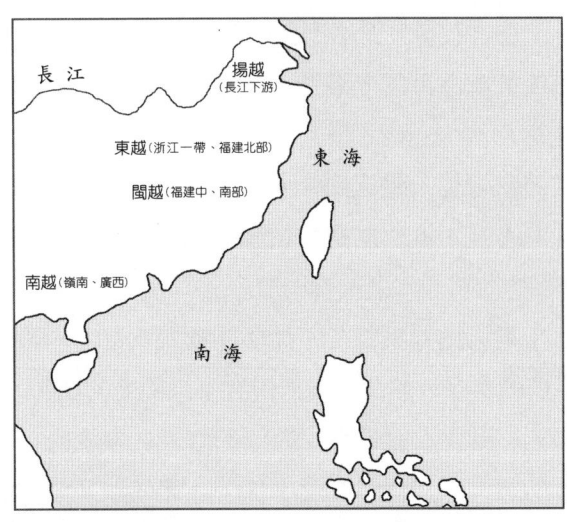

◆重要越民分布位置圖。

「越」的稱呼可能源於殷商時期中原之民對使用「戉」或「鉞」的原始民族的稱呼。[11] 如果夏朝開國始祖夏禹的第七代孫無餘在越地立國的的傳說屬實，則證明在四千多年前，北方的統治階層已經開始與當地的居民融合了。

吳與越「同氣同俗」，[12]「同音共律」，[13] 在長久的交流中形成了相近的文化。吳亡於越後，吳國的人民也自然融入了越族之中。[14]

公元前三三五年，越王無彊伐楚，楚人大敗之，越國從此亡國，越人四散，「諸子爭立，或為王，或為君，濱於江南海上，朝服於楚」。[15] 由於逃散的越人散布於浙、贛、閩和兩廣等地，與當地土著結合，「百越」之稱開始成為南方各族人民的泛稱。[16]

公元前二二三年，秦將王翦滅了楚國。次年，「王翦悉定荊江（以）南地，降百越之君，置會稽郡。」[17]

秦定天下後，揚越、東越、閩越和南越等以「越」字稱呼的地域概念開始出現。當時的揚越在長江下游一帶。東越在浙江一帶和福建北部。閩越在今福建中部和南部。南越於今嶺南、廣西一帶。

為了征服南越，充實最南方新闢之地，秦始皇在公元前二一四年「謫徙民五十萬人戍（南越）五嶺，與越（人）雜處」。[18]

另為了防備流散東海海島上稱為「外越」的越人，秦始皇又「謫徙天下有罪謫吏民，置海南故大越處」，[19] 也就是將罪犯囚徒移徙到已經被征服的原越國舊地，並將當地越人遷居到今浙江北部和安徽、江西等處，「烏程、餘杭、黟（音「衣」）、歙、無湖、石城縣以南，皆故大越徙民也。秦始皇刻石徙之。」[20]

由於北地五十萬軍民被派去戍守南疆，越人北遷浙、贛、皖，南北人種經歷了一次大規模的交融，並使南方人口有了大幅度的增長。

伴隨統治力量的延伸和北地軍民人口的注入，秦帝國在福建和嶺南、廣西地區建立了郡的建制。在福建有閩中郡，在嶺南和廣西有南海、桂林和象

郡。這一舉措，歷史性地奠定了南疆被永久納入北方華夏民族政治與文化版圖的基礎。

越王勾踐的後人

福建閩江下游，是存在於七千至五千年前的曇石山文化的發源地。越人到來之前已有「閩族」在此定居。周朝時，將閩族與「蠻夷」並列，有「四夷、八蠻、七閩、九貉、五戎、六狄」的說法。[21]

公元前三百多年前，越國為楚國滅亡後，原越國的一些統治階層帶著部分越人向南逃亡，有的逃抵浙江南部定居了下來，與稱為「東甌」的當地土著結合，後人以「東越」稱之。有的繼續往南，來到了福建中部地區，與「閩族」的人結合，一個稱為「閩越族」的新民族就此誕生了，其分布範圍大概是從閩江流域向南延伸至今泉州一帶。

越人分別在東越和閩越的基礎上建立了國家政權，秦朝統一中國之前，分由「東海王搖」和「閩越王無諸」統治。兩人都是越王勾踐的後人，秦始皇併有天下後，將兩人的王位廢除，立為君長，並將兩地歸併為閩中郡。[22]

出於天下反秦的大勢和對秦人廢除其王位的懷恨，秦朝末年「無諸、搖率越歸，番陽（即鄱陽）令吳芮……從諸侯滅秦。」[23] 秦亡後，楚漢相爭，因西楚霸王項羽不封他們為王，兩人率越人投向漢王劉邦一方。項羽兵敗自殺後，劉邦在高祖五年（公元前二〇二年）論功恢復了無諸的閩越王王位，統治閩中故地。

劉邦過世，子惠帝劉盈繼位。惠帝三年（公元前一九二年），論及高祖時越人功勞，搖功不可沒，因此復立為東海王，俗稱「東甌王」。[24]

但在此之前，高祖十二年（公元前一九五年）又有「南武侯織，亦粵（越）之世也，立以為南海王」，[25] 統治今閩粵贛交界處，[26] 秦時這塊地域屬

南海郡的範圍，後來劃入南越國，成為日後潮陽、漳州等地的前身。

南海立國不久就反叛漢朝，為漢文帝派兵剿滅，但平叛漢軍死傷慘重，「會天暑多雨，……（漢軍）未戰而疾死者過半，親老涕泣，孤子謕（音「提」）號，破家散業，迎尸千里之外，裹骸骨而歸，悲哀之氣數年不息。」[27]

在此同時，越人受到漢王朝分而治之的影響，彼此之間時相攻伐。景帝三年（公元前一五四年），因朝廷削藩，吳、楚等七國造反，高祖劉邦的侄子吳王劉濞（音「譬」）拉攏閩越和東越一起造反，閩越不從。東越雖追隨了吳王，但後來又被朝廷收買，將劉濞殺了。吳王的兒子劉駒逃到閩越，為報殺父之仇，不斷勸說閩越攻打東越。

武帝建元三年（公元前一三八年），閩越王無諸的兒子「郢」接受勸說，舉兵攻打東越。東越王「望」急求武帝派兵相助，太尉田蚡（音「焚」）回覆武帝的問計：「越人相攻擊，固其常，又數反覆，不足以煩中國往救也」，但中大夫嚴助主張相救，向漢武帝力陳：「今小國以窮困來告急，天子弗振，彼當安所告愬（訴），又何以子萬國乎？」當時還不到二十歲的武帝聽後，遂決定派嚴助自會稽郡發兵跨海前去。閩越一聽漢兵出兵，未等救兵到來就撤出東越了。[28]

閩越兵撤走後，東越王懼怕閩越再度發兵，向朝廷要求「舉國徙中國」，朝廷接受了要求，東越王便率領民眾遷徙到「江淮之間」。[29]

南海和東越先後亡國後，在南方，除了南越之外，閩越變成一國獨大。武帝建元六年（公元前一三五年），閩越興兵攻擊南越，南越上報朝廷，漢天子再度從會稽出兵。另一路大軍自豫章（今江西南昌）出發。面對朝廷的攻勢，閩越王郢憑險據守，但他的弟弟餘善對漢兵的強大心中有數，擔心將來國家被滅，便將郢殺了，把他的頭獻給漢軍，由使者帶著，馳報漢天子。武帝乃下詔罷兵，立無諸的孫子丑為越繇（音「搖」）王，繼承閩越王位，「奉閩越祭祀」。[30]

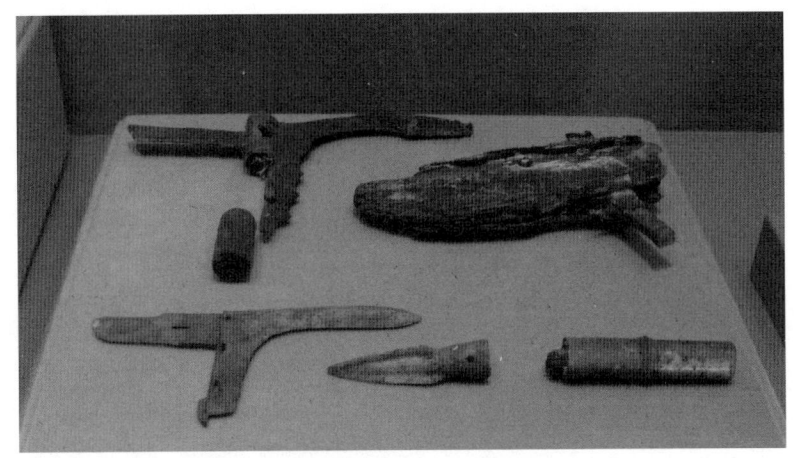

◆源自北方的青銅器,到漢代時已在南方普及。圖為廣州西漢南越王博物館館藏西漢南越王墓出土的青銅製銅戈、銅矛、鎏金銅弩機和銅鐓(戈、矛木柄尾部之銅套)。

丑的叔叔餘善因為殺了哥哥郢,深得民眾的支持。他不服丑被封為繇王,便私下自立為王,繇王不能制止,報與朝廷。但武帝不想再度興兵,便以餘善殺了郢,使漢軍不必勞師動眾的理由,將他封為東越王,與繇王並處,控東甌故地。越、漢之間和平相處了二十二年。

元鼎五年(公元前一一二年),南越相呂嘉反漢,武帝調舟師十萬,由樓船將軍漢軍統帥楊僕往剿。漢軍勢如破竹,平定了南越,設置了九個郡。[31] 緊接著又在今潮汕、興(寧)梅(縣)和閩南的龍溪、漳浦一帶設立了揭揚縣(跨越今廣東、福建兩省交界處),隸屬南海郡管轄。這是閩南地區最早出現的中原行政建制。

就在呂嘉叛漢時,東越王餘善一方面上書武帝,請求領兵八千參與平叛,一方面在船隻進入廣東地界時,卻以波濤巨大為由,遲不前行,私通南越。楊僕上書漢武帝要求誅殺。餘善聽到消息,索性公開反漢,刻「武帝」玉璽自立。

◆放置在廣西合浦漢文化博物館公園內的漢代樓船模型。漢武帝平定南方的水師,即是使用了這類樓船。

　　漢軍平定南越叛亂後,在元封元年(公元前一一〇年),分兵四路回師進剿餘善,其中一路經閩越國境北進。閩越王(越繇王)丑配合漢軍,順利誅殺了餘善,並自動獻出國土。立國九十二年的閩越國從此不復存在。

　　閩越國滅亡後,漢武帝以「東越狹多阻,閩越悍,數反覆,詔軍吏皆將其民徙處江淮間。東越(閩越)地遂虛。」[32] 但是,顯然閩越地區居民並未全數遷徙江淮之間,遷走的只是其統治上層和軍隊,還有部分逃避遷徙的居民留居當地。然而,隨著閩越國的滅亡,北方漢人的勢力及其統治力量,也開始真正進入了人口大量流失的閩越地區,由此帶來的是由強勢的漢文化直接帶動閩越地區開拓發展的歷史時期。

一個帶有閩越特色的漢化群體的誕生

　　再過十六年，昭帝始元二年（公元前八十五年），因當年漢兵征伐而避居山谷的閩越人紛紛回到平地，[33] 漢朝又在今福州之地設立了冶縣，[34] 轄地向南延伸到現在的漳州漳浦縣地面，在梁山盤陀嶺的蒲奎關與揭揚縣交界，但閩地經濟和人口重心仍在閩江下游和靠近浙江的閩北地區，閩南地面仍多處於原始狀態。

　　閩越地區被納入漢朝版圖後，由於地處「邊陲」，流失人口補充緩慢，加上從北方通往閩越地面主要依靠海路，陸路交通險阻，內陸閩江水路水淺多石，漢人入閩的步伐緩慢，因此到東漢結束的三百多年當中，作為人口主體的十萬戶閩越土著，一直處於自我維持的局面，無法在整個中國的發展格局中形成影響力。[35]

　　到了漢末孫、曹、劉三家鼎立時期，吳國的孫策、孫權兄弟為了以閩越人擴充兵源，充實後方，自漢獻帝建安元年（公元一九六年）到孫權子吳主孫亮太平二年（公元二五七年）的六十二年間，先後五次出兵討伐閩越地區，並在原漢制基礎上設立了建安郡。

　　吳景帝孫休永安三年（公元二六〇年），在建安郡下設立了東安縣（今屬泉州市），縣治在今南安市豐州鎮，這是泉州地區設縣之始。

　　在此期間，黃龍二年（公元二三〇年），「（孫權）遣將軍衛溫、諸葛直將甲士萬人浮海求夷洲及亶（音「膽」）洲。亶洲在海中，長老傳言秦始皇遣方士徐福將童男童女數千人入海，求蓬萊神山及仙藥，止此洲不還。世相承有數萬家，其上人民，時有至會稽貨布。……（亶洲）所在絕遠，卒不可得至，但得夷洲數千人還。」[36] 這裡所說的亶洲大概是指今天的日本，夷洲可能就是今天的台灣或琉球。

　　西晉一統中國後，在吳國原建安郡的基礎上設立了建安和晉安兩郡，隸

屬揚州。建安郡管轄閩北山區，晉安郡轄有從福建東北沿海地區延伸到閩江下游（含福州）、閩南沿海和閩西山區的地面，郡治設在今福州。[37] 建安與晉安郡的分立，說明了原閩越地區人口和經濟重心逐漸向閩南地區延伸，也說明了當地開發程度的逐步加深。

隨之而來的是北地人口與文化影響力向閩越地區的進一步擴散。晉武帝太康年間廟觀的大量建造即為其例。太康二年（公元二八一年）有道教「白雲廟」（今元妙觀）在今泉州市區內落成。太康九年（公元二八八年），又在已改名為晉安縣的東安縣縣治（即今泉州轄下南安市豐州鎮）內建蓋「建造寺」（宋時改名「延福寺」），是西漢末年佛教傳入中國之後，閩越地區最早出現的佛教寺廟之一。這些寺廟的建造，表明到晉朝初期，持道教、佛教信仰的北方人口已有不少抵達今泉州地區，同時當地一些士人也已經融入了這些宗教信仰。

緊接西晉立國不久而來的「五胡亂華」，不但沒有打亂，反而加速了北人南移的進程。從西晉懷帝永嘉五年（公元三一一年）匈奴俘懷帝攻占洛陽的「永嘉之亂」，到南北朝形成的一百多年中，北方的漢人出現了數次南下移民的浪潮。雖然閩越並非接受大量移民的地區，但也無疑受到了這幾波移民潮的衝擊。所謂永嘉年間「八姓入閩」的傳說，固然過度突出了這一時期漢人南移的重要性，[38] 但也說明有更多的北方人口南下到此的事實。唐朝的《開元錄》稱：「閩縣，越州地，即古東甌，今建州亦其地。皆夷種，有五姓，謂林、黃是其裔。」也就是說當地姓林和姓黃的是閩越人的後裔。這也從側面說明了人口性質的變化，主要是閩越人漢化後，以世家後裔自居，採用了漢人的姓氏，而不是漢人大量移民、形成各姓家族定居閩越的情況。[39]

另一方面，隔著梁山盤陀嶺蒲奎關與晉安郡晉安縣為界的揭揚縣，在東晉安帝義熙九年（公元四一三年）析出了綏安縣，屬義安郡。這是今漳州地區最早設立的縣分，管轄的範圍有今漳浦的一部分和雲霄、東山、詔安等縣。

南北朝梁朝天監年間（公元五〇二至五一九年）又在今南靖、平和縣一帶設蘭水縣，梁大同六年（公元五四〇年）另將今龍海、漳浦、華安、薌城一帶設為龍溪縣，均屬同為天監年間從晉安郡析設的南安郡。到隋朝開皇十二年（公元五九二年），綏安、蘭水併入龍溪縣，從此漳州脫離了廣東，被完全納入了閩越地區的範疇。

　　這些行政區劃的變化與擴充，更說明了到南北朝後期，在今福建最南部的多山地區，人口已經有了大幅增長。這些增長，雖不一定是漢人大批到來的結果，但也可以肯定當地已經融入了不少漢人的新血。

　　總的來說，由於地緣的關係，漳州地區的開發一直落後於泉州，這反映在泉州寺廟的眾多方面，如隋煬帝大業四年（公元六〇八年）又有安海名剎龍山寺落成，供奉南北朝時雕成的千手千眼觀音，也反映在泉州對海外的交

◆隋煬帝大業四年（六〇八年）落成的龍山寺，是台灣多所龍山寺的祖廟。

第一章　越王勾踐的後人

通上,如南朝陳文帝天嘉三年(公元五六二年),已有印度高僧挂錫南安九日山建寺翻譯佛經,顯見當時的晉安,是海外來客喜歡駐留的地方。

相對的,漳州地區到唐朝時,雖然已經設縣多年,但因人口和經濟的發展較為落後,以致唐朝高宗總章二年(公元六六九年)至睿宗景雲二年(公元七一一年)陳政、陳元光父子對漳州的開發和建州,被後人視為「開漳」史上的大事,得到歷代皇帝的尊崇,宋徽宗更以「開漳主聖王」尊奉陳元光,清乾隆帝也以「開漳聖王」尊之。自此「開漳聖王」成為漳州後世子孫的共同信仰。

從隋朝漳州地區被納入了閩越的地域範疇後,與今泉州地區的關係進一步密切,並由此逐漸形成了共同的閩南方言體系。這種方言體系是在不同歷史階段吸收了各地語種的結果。特別是春秋戰國時期,吳、楚、越的相爭,使越人的語言注入了向中原學習的楚人和吳人的語言成分。待越為楚所滅,越人到了閩地,吸收了土著的話語,並在多次南下的北方移民潮的衝擊下,不斷漢化,由此形成今天閩南方言的基本輪廓。可以說閩南方言本身,就是閩越人歷史發展寫照的一部分。

在閩南方言的基礎上,一個帶有閩越特色的新的漢化群體在泉、漳地區誕生了。這個偏居中國東南一角的群體,在往後一千多年的發展過程中,不斷與一波又一波南移漢人相融,形成了帶有完整漢人意識的新漢族人群,並脫離了漢民族偏向陸地發展的歷史主流,自宋、元起銳意進軍海洋,繼而在明朝中末葉開創了一個前所未有的龐大海上商業帝國,為人類文明的進展和東西方的交流,寫下了輝煌燦爛的一頁歷史!

● 註釋

1. 長濱文化出現在一萬五千年至五千年前左右,以一九六八年發現其遺址的地點台東縣長濱鄉命名。長濱人出現台灣的時間僅次於在台南左鎮發現其一件頭骨化石的左鎮人,後者約在二、三萬年前出現。
2. 出現在一千八百至五百年前。
3. 吳春明,〈從考古看華南沿海先秦社會的發展〉,《廈門大學學報》,一九九七年一月。
4. 東漢趙曄,《吳越春秋》卷一,〈吳太伯傳〉。
5. 同上。
6. 《墨子閒詁》卷五,〈非攻下〉稱:「昔者楚熊麗始討此睢山之閒,越王繄虧」。
7. 《左傳》,〈昭公十二年〉。
8. 《左傳》,〈成公七年〉。
9. 《吳越春秋》卷四,〈闔閭內傳〉;卷六,〈越王無餘外傳〉。又三把寶劍的傳說,說明了當時越國的青銅冶煉技術已經相當發達。
10. 《墨子閒詁》卷五,〈非攻中〉。
11. 「戉」為「鉞」的古字,音「越」,為一種大斧,也是一種鏟形兵器。
12. 出自越國大臣范蠡,見《越絕書》,〈外傳記范伯〉。
13. 《吳越春秋》卷五,〈夫差內傳〉。
14. 上海復旦大學生命科學學者李輝認為吳與越並不同源,吳是原屬於華中地區苗瑤一支的民族,三千年前才進入上海一帶。越則屬於南方的越族(見中國教育和科研計算機網,「基因研究揭示人類遷移中國人祖先源於東非」一文,二〇〇五年五月十日,http://www.edu.cn/20050510/3136682.shtml)。至於與濮、蠻、苗、戎等部族比鄰而居的楚國,也是屬於苗瑤的一支。
15. 西漢司馬遷,《史記》卷一百一十四,〈東越列傳〉。
16. 「百越」一詞最早出現於《呂氏春秋》,〈恃君〉,其中提到:「揚漢之南,百越之際」。
17. 宋司馬光,《資治通鑑》卷七。
18. 同上。
19. 《越絕書》,〈越絕外傳記越地傳〉。
20. 《越絕書》,〈越絕外傳記吳地傳〉。
21. 《周官》。
22. 《史記》,〈東越列傳〉記載:「閩越王無諸及越東海王搖者,其先皆越王勾踐之後,姓騶(音「鄒」)氏,秦已併天下,皆廢為君長,以其地為閩中郡。」
23. 《史記》,〈東越列傳〉。

24 同上。

25 《漢書》卷一下，〈高帝紀〉下。

26 據清人全祖望《鮚埼亭集經史問答》卷九記載，南海王的封地在今福建、廣東和江西交界處。

27 《漢書》卷六十四上，〈嚴助傳〉。

28 《史記》，〈東越列傳〉。

29 同上。據福建學者考證，東越王率眾遷移到了今巢湖周圍的盧江、舒城諸縣。見朱維幹，《福建史稿》上冊，福建教育出版社，一九八五年，第三十五頁。

30 《史記》，〈東越列傳〉。

31 分別為儋耳、珠崖、南海、蒼梧、鬱林、合浦、交阯、九真、日南。見《漢書》卷九十五。

32 《史記》，〈東越列傳〉。

33 《宋書》，〈志二十五 州郡二〉：「漢武帝世，閩越反，滅之。徙其民於江淮間，虛其地。後有遁逃山谷者頗出，立為冶縣，屬會稽」。

34 冶縣設立的時間及縣治所在均是根據朱維幹的考證。見《福建史稿》上冊，第四十五～四十七頁。

35 據朱維幹根據《三國志》卷六十，〈吳書 賀齊傳〉所作的估計，冶縣初設時人口不到萬戶，到東漢末年，只有十萬戶左右。見《福建史稿》，第五十二頁。

36 《三國志》卷四十七，〈吳書二 吳主權〉。

37 《福建史稿》，第五十四～五十五頁。

38 清乾隆年間的《福州府志》稱，「永嘉二年，中州板蕩，衣冠始入閩者八族，林、黃、陳、鄭、詹、邱、何、胡是也。」事實上，從建安郡和晉安郡的設立和寺廟的設立，即已證明北人在此之前就已不斷南下到此。而且南下者並非一定都是衣冠大族。所謂衣冠入閩，不過是後人美化先人門閥世家出身的說法而已。

39 見徐曉望，《媽祖的子民》，學林出版社，一九九九年，第九十一頁。

2

第二章
「蕃舶」競發指泉州

唐朝（公元六一八至九〇六年）立國以後，閩南地區的經濟有了較大的發展。這一時期也是中外海上交通快速發展的時期。泉州由於地理位置優異，很快成為福建的經濟重心之一，但是因為經濟仍處於起步階段，推動其躍升為後來馳名世界的國際貿易據點的航海優勢，在整個唐代，仍未顯現出來。

海上絲綢之路的興起

　　到唐代為止，中外海上交通，至少已經有了七百年左右的歷史。南方地區在經歷了從秦漢至隋唐的長期開發後，已經與中國以南海域的南海諸邦和印度洋上的印度、斯里蘭卡等國建立了一些海上聯繫。西漢時期的南越國（公元前一九六至一一一年），是迄今發現漢朝最早從海上對外貿易的地區。[1] 漢武帝（公元前一四〇至八十七年）即位後，陸海並舉，先是派遣張騫出使西域，後又在平定南越國後，派使者帶領船隊出使南方海外諸國，從事官方海外貿易，最遠抵達黃支。[2]

　　漢平帝時（公元一至五年），王莽輔政，更遣使攜帶重禮致送黃支王，交換生犀牛，使者最後到了黃支之南的「已程不國」，即當時東方貨物流向羅馬帝國的一個重要轉運中心，也就是今天的斯里蘭卡（舊稱錫蘭）。[3]

　　漢朝時期，佛教傳入中國，漸漸地，為了尋求佛門真諦，一些僧侶開始加入成為從海上與印度建立聯繫的重要力量。他們由陸路經河西走廊跋涉中亞而抵達印度次大陸，回程則搭乘印度或波斯帝國（今伊朗）商人的船隻繞經南海諸邦返回中土。東晉高僧法顯以驚人的毅力，走過這段艱困的旅程。這些佛門子弟是航行在中國遠洋航路上的先行者。

　　直到唐朝中葉，來到中國貿易的商人主要是被稱為「胡人」的波斯人。波斯在漢朝的時候稱為「安息」（Parthia）。波斯帝國從公元前五五〇年

（東周靈王時期）崛起於伊朗高原後，不斷擴張，到漢武帝的時期，已經成為歐亞大陸上與漢帝國和羅馬帝國鼎足而立的一個強大帝國，並開始與中國建立了陸路商業聯繫，即絲綢之路，成為中國商品流向羅馬帝國的重要孔道。《史記・大宛列傳》記載：「安息在大月氏西可數千里，其俗土著耕田，田稻麥，蒲陶酒。……小大數百城，地方數千里，最為大國」，「漢使至安息，安息王令將二萬騎迎於東界。東界去王都數千里。」

公元二二四年（三國時期）起，起家於波斯灣沿岸商業中心的薩珊（Sasania 或 Sassania）家族開始統治波斯，為了將羅馬勢力趕出亞洲，開展了與羅馬帝國長達四百年的對抗。

在這個對抗過程中，雙方多次激烈交戰，給陸上絲綢之路的駝隊運輸造成了很大的障礙和破壞。尤其是公元四七六年（南朝宋廢帝元徽四年）西羅

◆廣西合浦漢文化博物館館藏漢代從波斯、印度輸入的羅馬帝國玻璃用品。

馬帝國因蠻族入侵而滅亡後，東羅馬拜占庭王朝與波斯帝國的對抗更形尖銳，僅公元五二七年到六三一年的一百多年內，就發生五次各延續多年的戰爭。這些戰爭中斷了中國商品對東羅馬帝國的正常供應。為了保證貨源，原來不占主導地位的海上航路，自此慢慢取代了陸路交通，稱為海上絲綢之路的南海商業航路開始出現。[4]

這條由波斯人控制的海上航路，起自阿拉伯半島東面的波斯灣，以斯里蘭卡為中轉站，再通往東方的交趾（今越南北部，當時屬於中國），最後抵達廣州。由於東羅馬帝國對中國絲綢的龐大需求，使這條航路無疑成為波斯人的黃金航線。東羅馬拜占庭皇帝查士丁尼（Justinian）為了擺脫波斯人的壟斷，在公元六世紀初期，曾要求紅海邊的阿比西尼亞人（Abyssinians，東非衣索匹亞人的古稱）與波斯人競爭，前往印度或斯里蘭卡取得來自中國的絲綢，再轉售給羅馬人。但是，因為斯里蘭卡人與波斯人已經建立了長期良好的商業關係，阿比西尼亞人難以切入，因此查士丁尼還是擺脫不了波斯人的抵制。[5]

這一時期，波斯人為了鞏固對東方貿易的航路，不但在波斯灣的兩側建立了許多通商港口，甚至在斯里蘭卡也建有貿易基地，並在馬來半島建成一個殖民地，[6]在交趾建立了對中國的貿易據點。[7]

直到公元六五二年（唐高宗永徽三年）薩珊王朝為阿拉伯人消滅為止，波斯人已經在廣州牢固立足，成為當地一股重要的外國人勢力。在其後相當期間內，雖有阿拉伯商人漸漸取代了波斯商人，但後者的影響力繼續存在。唐朝僧人義淨在其所著《大唐西域求法高僧傳》中就提到，他到印度求法時，搭乘的是一艘波斯船：「翌年（唐高宗咸亨二年，公元六七一年）秋，隨馮銓孝至廣州，與波斯舶主約期南航。」

唐玄宗開元二年（公元七一四年）廣州開始設置市舶司，[8]檢查出入外國商船，征收關稅和收購官方專賣品，這說明了進入第八世紀以後，抵達中國

貿易的波斯和阿拉伯船舶已經不少。《舊唐書·玄宗本紀》記載：「（開元二年）十二月乙丑……時又威衛中郎將周慶立為安南市舶使，與波斯僧廣造奇巧，將以進內。」[9]

但是，直到這一時期，或是由於造船與航海技術的差距，或是出於商業利潤的考慮，中外的海上交通，仍然是以國外船舶到中國買賣為主，中國船隻前往波斯灣的，即使不是完全沒有，數量可能也是不多。[10]

東晉高僧法顯的印度、斯里蘭卡之旅

東晉時期以六十五歲的高齡從長安出發前往印度取經的僧人法顯，是比唐代高僧玄奘早兩百多年抵達印度的一位偉大旅行家。他返回中國後撰寫的《佛國記》，不僅讓後人瞭解他為了尋找佛法而經歷的艱難歷程，更給後世留下了極其珍貴的歷史地理資料。

從東晉安帝龍安三年（公元三九九年）算起歷時十六年的長途跋涉中，他經由今天的甘肅、新疆，過巴基斯坦，抵達西天竺。他和同伴道整以四年的時間，遍歷佛祖弘法說法處，而後到了佛陀出生地（今尼泊爾西南部的藍毗尼），親訪釋迦牟尼落地處和在其下悟道成佛的菩提樹。

其後，因北天竺的佛法皆是口傳，無本可據，他們又到中天竺學梵書梵語，抄經寫律，在那裡一住三年，收集了六部佛教經典。但同伴道整因見沙門法則戒律可觀，決定留下研習，法顯則一心要將佛教戒律流通中國，於是獨自一人打點行裝，準備從海路回國。他順著恆河東下，到了現今加爾各答一帶的恆河出海口，因彼處佛法興旺，法顯又多停留了兩年，全心寫經畫像。

東晉安帝義熙五年（公元四〇九年），法顯搭乘一艘商人的大船，泛舟南下，經過十四天的航行，到了獅子國（錫蘭），也就是今天的斯里蘭卡。在那裡他見到了一個國際商人來往的國度，有「諸國商人共市易」。

他也見到了許多「薩博」商人（Sabaean Merchants）住在王城中，這些商人就是來自阿拉伯半島南端「薩博國」（Saba 或 Sheba），也就是現在的葉門的海商。《聖經》和《可蘭經》中都提過，公元前十世紀時，著名的薩博女王「示巴」（Sheba）曾經用駝隊帶著大批金銀珠寶前往以色列探望所羅門王，尋求所羅門王的智慧。法顯還到了獅子國王城阿努拉普德勒（Anuradhapura）城北的無畏山，朝拜傳說是佛祖釋迦牟尼留下的一個足印。山上有五千僧眾，這就是著名的大乘佛教（Mahayana）的傳播中心。

在無畏山的「無畏寺」旁，種有已故國王遣使從中國取回的「貝多樹子」種出的大樹。佛殿內還有一尊青玉佛像。一天，法顯見到一名商人以白絹扇供養這尊玉佛，睹故國特有的絹製扇子，感懷「去漢地積年，所與交接，悉異域人，山川草木舉目無舊」，「不覺淒然淚下滿目」。

但是，法顯顯然沒有到過現在更為出名的傳說中的另一處佛祖足跡所在地。這就是今天斯里蘭卡南部被當作聖山的「聖足山」（Sri Pada），山頂一塊大石上有一個五英尺長的足印，佛教信眾認為這是佛祖的足印，但伊斯蘭教徒則認為是先知穆罕默德的腳印。十四世紀比馬可·波羅稍後到過泉州的摩洛哥偉大旅行家伊本·巴圖塔（Ibn Batuta），對這個足印有過這樣的描寫：「聖足就在（山頂）一塊石頭上，為凹下的印子。凹印有十一掌長。早些時候，中國人來到了這裡，把大腳趾處連帶周邊的石頭切了下來，放到泉州的一個寺廟內；因此中國最偏遠的地方，都有人前去朝拜。」

法顯在斯里蘭卡住了兩年，在求得了三本梵語律藏後，搭乘一艘可載兩百多人的大船東航，走了一百天以上，到了「耶婆提國」（今天的印尼境內），停留五個月，再搭乘另一艘可載兩百多人的商人大船東返廣州。但因遭遇風暴，經七十幾天的漂流，才見到陸地，方知已到了青州長廣郡界嶗山（今青島附近）南岸。這時已是東晉義熙十一年（公元四一五年）了，法顯時年八十一歲。

> 　　法顯回國後，在建康（今南京）擔任道場寺住持五年。東晉元熙二年（公元四二〇年），他以八十六歲的高齡，逝世於荊州（今湖北江陵）辛寺。直到臨終，他都一直孜孜於梵語經典的翻譯工作。

第七到第九世紀的泉州

　　作為中國東南沿海的港口，早在南北朝時期，泉州就有了外國商旅往來的記載。南朝陳武帝永定二年（公元五五八年），天竺（印度）僧人真諦在九日山附近的「建造寺」（泉州地區最古老的佛教寺院，宋朝初年改回原稱「延福寺」）弘揚大乘佛法，三年後「汎小舶，至梁安郡，再裝大舶，欲返西國」。[11] 梁安就是當時泉州的稱呼，印度僧侶的往來，說明了到南北朝時期，泉州已經與印度洋彼岸訪客有了海上聯繫。

　　但是，相對於中國東南和南方的交州（漢代轄嶺南及今廣西各郡，三國時吳國設廣州，交州州治遷往今河內附近，轄地縮小至今廣西南部與越南北部）、廣州、福州、明州（寧波）和揚州等港口城市，泉州的海上交通發展較遲，在整個唐代，並未成為主要的對外港口。[12]

　　唐朝初年，泉州仍屬豐州轄地，州的政治經濟中心在現在的南安，太宗貞觀年間又撤豐州，改隸現在的福州。武則天主政時，有一段時期將豐州改稱武榮，州政治經濟中心開始轉移到靠近晉江出海口今泉州市中心地段。到睿宗景雲二年（公元七一一年），州名才改為現在的泉州（福州則原名泉州，到玄宗開元十三年即公元七二五年才以今稱稱呼），從此正式確立了泉州的政治經濟地位。但是，相對於已經是國際通商巨港的廣州，泉州的工商人文仍遠遠不及，當然更談不上是國際通商大邑。此時海路而來的波斯商人抵達這裡的機會可能很小，有的話，數量也是不多。但是，隨著時間的推進

與晉江下游的開發，成為通商大埠的條件遂告成熟。

晉江下游出海地區原為沼澤瘴癘之地，進入八世紀以後，北方移民以先進的技術和工具排除沼澤、生產稻作後，得到了很大的發展，[13] 人口也隨之增加。泉州的州治從數十里外屬內陸地區的南安移此後，開元六年（公元七一八年）在晉江出海區南沿新設了晉江縣，此時的泉州郡已初具規模，到玄宗天寶年間（公元七四二年至七五五年），人口已達到十六萬人以上。[14]

晉江海口地帶的開發也帶動了泉州向海洋的發展。玄宗開元二十九年（公元七四一年），「別駕趙頤貞鑿溝通舟楫至城下」，為泉州進軍海洋踏出了重要的一步。[15]

玄宗天寶十四年（公元七五五年）發生了長達八年的「安史之亂」，使陸上絲綢之路的交通受到了更大的打擊，海上絲綢之路進一步發展。遭逢戰亂的北方移民可能部分南移福建，泉州人口不斷增加。唐代的《元和郡縣圖志》記載，九世紀初期的憲宗元和年間（公元八〇六至八二〇年），泉州住民已接近二十四萬人。[16]

也是在公元九世紀初期，泉州設置了五個馬匹畜牧場，其中一個就設在與泉州隔海相對的金門島上，以陳淵為牧馬監，隨同陳淵到島上安家立業的有蔡、許等十二姓，金門島的開發於此開始。[17] 到宣宗大中十一年（公元八五七年），又設置了嘉禾里，也就是今天的廈門，隸屬於泉州。

唐朝末年的黃巢之亂改變了廣州的國際通商優勢。在此之前，廣州一直是阿拉伯、波斯等西亞商人東來的首選通商港口，他們以「廣府」稱呼這個城市。唐文宗開成元年（公元八三六年），盧鈞任嶺南節度使，「蕃獠（指阿拉伯與波斯商人）與華人錯居，相婚嫁，多占田營地舍」。[18] 僖宗乾符六年（公元八七九年）黃巢亂軍攻陷廣州，屠殺了外國貿易商。一位住在波斯灣貿易港口希拉夫（Siraf）的商人亞齊德（abu-Zayd al-Hasan ibn-al-Yazid）在他公元九一六年的《航海紀事》（*Silsilat al Tawarkh*）一書中，根據他從希

拉夫的海商和海員收集到的資料提到，廣州的這場動亂中，有不下於十二萬穆斯林、基督徒、猶太人和尚未皈依伊斯蘭的波斯人被屠殺。[19]這個數字雖然明顯誇大，但也說明了廣府西亞商人數量的龐大和廣州所受破壞的嚴重程度。

黃巢之亂雖然沒有使廣州一蹶不振，但是卻使其中西海上交通樞紐的地位受到了很大的打擊。在往後一百多年當中，泉州慢慢積蓄海洋發展的實力，終於迎頭趕上，一躍而為近悅遠來、盛極一時的國際貿易大港。

五代的閩國

跨入第十世紀，唐朝國勢益衰，地方勢力凌駕中央。公元九〇六年，曾經輝煌一時的大唐王朝為軍閥朱溫所滅，中國進入五代十國的分裂割據時期，福建出現了北方漢人建立的「閩國」。

閩國是河南光州固始縣人王潮、王審知兄弟所建。黃巢亂事起後，兩兄弟隨著河南地方部隊攜帶家眷南下平亂。到了漳州，因主帥殘暴，兄弟兩人將他殺死後，準備率部西進，入蜀保駕，但是途經泉州時，當地民眾懇求他們驅逐橫暴的泉州刺史。王潮圍攻了一年，打下了泉州，並接任泉州刺史。後又派王審知攻下福州，割據福建。王潮死後，王審知繼有福建軍政大權。不久唐朝在福建建威武軍，由王審知任威武節度使，後又封為琅琊郡王。朱溫消滅了唐朝，在開封建立後梁政權後，為了籠絡他，更封他為閩王。

從後梁開平四年（公元九一〇年）至後唐同光三年（公元九二五年），王審知治理閩國二十五年，治績卓著，使福建成為當時戰亂頻仍的中國少有的安定樂土。北方避亂移民潮相繼入閩，特別是許多文人和飽學之士陸續到來，譬如晚唐著名詩人韓偓晚年寓居泉州南安，[20]這些北地文化力量的注入，促使福建的漢化更加深入。

◆泉州下屬各縣從五代起已配合海外貿易開始生產外銷陶瓷。五代後唐長興四年（九三三年），升歸德場為德化縣，成為重要陶瓷生產基地；一九九五年發現當時的墓林窯址，遺物散布面積約五百平方公尺。圖為德化陶瓷博物館展出的該時期的物品，其製作工藝水平已達相當水準。

　　王審知還注重開發福建的經濟，並推動海外貿易，「招來海中蠻夷商賈」。[21] 當時到福建的國外商販有「三佛齊人」（三佛齊在今蘇門答臘和馬來半島一帶，信奉伊斯蘭），並從海路與占城（今越南中南部）、新羅（今朝鮮半島）、中國（指後梁）、渤海國和契丹等國有使臣往返。[22] 王審知的兒子王延彬治理泉州達十七年之久，他本人也「多發蠻舶，以資公用」，獲得了「招寶侍郎」的稱號。[23]

　　大約是從這一時期開始，配合海外貿易的發展，福建地區的作物經濟，如閩西汀州與閩南泉州蠶桑與茶葉的種植，以及泉州綢緞與瓷器的生產有了很大的發展。詩人韓偓筆下「桑田變後新舟楫」、「數醆綠醅桑落酒」、「桑梢出舍蠶初老」和「織籬茅屋共桑麻」的田野景色，[24] 以及晉江、惠安和南安等縣青瓷的燒製，反映了配合海外貿易的發展，相關經濟活動的出現。但是，從當時陶瓷生產主要是罐、箔、甕、碗以及生產水平仍較低下來

看，[25] 與其他主要貿易港口相較，泉州港的地位，顯然還屬次要性質。

從閩國前期短暫的歷史來看，在中國四分五裂之際，王審知對治理福建的投入的確是非常難得的。或許是因為他的這一功績，後人出於對他的景仰，慢慢地包括閩南籍人士在內的許多福建人的後代，連已經漢化的土著世家，都把王審知的故籍河南光州固始縣，當作自己的祖籍。

王審知之後，閩國傳至第五主，不但毫無建樹，而且橫征暴斂，在公元九四五年為南唐所滅。但南唐很快又與北鄰的吳越國展開了爭奪福建的戰爭，兵聯禍結，原來的閩國形成三分局面達二十六年之久——閩西和閩北的汀州、建州歸屬南唐；閩江下游的福州屬吳越；閩南的泉州、漳州分由地方軍人留從效和陳洪進割據。到宋太祖開寶八年（公元九七五年），南唐後主李煜降宋；太平興國三年（公元九七八年）陳洪進結束了泉、漳割據的局面，這時福建才又回到分久必合的局面。

值得一提的是，在留從效割據泉州期間，他對泉州城大力進行了改造，環繞全城種植了夏季開始盛開紅花的刺桐樹，[26] 從此，泉州在西亞客商當中，又贏得了「刺桐城」的美稱，十三世紀馬可波羅抵達中國時，就是以這個名稱稱呼泉州的。

大食商人的東來

波斯薩珊王朝滅亡以後，在相當一段時期內，波斯商人仍舊是遠從西亞到中國貿易的主要外商。但是，在往後的歲月中，阿拉伯商人漸漸地取代了波斯商人扮演的角色。

公元七世紀三〇年代（唐太宗貞觀年間），奠基於伊斯蘭的「大食國」在阿拉伯半島創立以後，阿拉伯人的勢力即不斷向外擴張，先是擊敗了東羅馬帝國，占有耶路撒冷和敘利亞，征服了兩河流域（今伊拉克），接著又殲

滅了波斯帝國，攻入北非。

公元六三二年（唐太宗貞觀三年）伊斯蘭創始人穆罕默德去世後，大食進入了由選舉產生的「哈里發」（Caliph）統治的時期。但是，這種選舉制度只維持到第四任哈里發，即穆罕默德的女婿阿里（Ali）的統治為止。經過伊斯蘭內部各派的激烈爭奪後，公元六六一年（唐高宗龍朔元年），遜尼派（Suni）烏馬亞（Umayyad）家族的穆阿維亞（Mu'awiyah）成為最後的勝利者。從此，哈里發改為世襲制，大食國進入了烏馬亞王朝統治的時期。因其崇尚白色，中國人稱之為「白衣大食」。

烏馬亞王朝定都敘利亞大馬士革，僅維持不到一百年，到公元七五〇年（唐玄宗天寶九年）就告結束，但這是大食國軍事擴張的時期。數十年征戰的結果，阿拉伯人擁有了橫跨歐亞非三大洲的龐大帝國，東邊在帕米爾高原與唐王朝對峙，西邊進入了西班牙半島，南邊到達印度河流域和非洲北部。

這一期間也是大食帝國經濟、社會急速擴充的時期，農業不斷發展，商業興隆發達，並經由陸路與海路與大唐帝國建立了頻繁的貿易往來。玄宗開元四年（公元七一六年），因「胡人上言海南多珠翠奇寶，可往營致」，同時玄宗皇帝也想派人「往獅子國（斯里蘭卡）求靈藥及善醫之嫗，置之宮掖」，所以打算派遣御史與「胡人」（這時中國人所稱的「胡人」涵義已包含波斯人和阿拉伯人兩者）一起前往海外，後因這名御史力諫，才打消了這個想法。[27]

同一時期，還有大批阿拉伯人與波斯人在揚州、廣州經商定居。從兩件歷史事件可以多少瞭解一下當時「胡人」在這兩個城市的情況。

一是肅宗乾元元年（公元七五八年），淮南節度使兼揚州長史鄧景山因與宋州刺史劉展爭奪揚州，鄧景山向平盧軍兵馬使田神功求援，但田神功帶兵抵達揚州後，卻趁機「大掠居民資產」，導致「商胡大食、波斯等商旅死者數千人。」[28]

也是在同一年，應邀從西域來到中國參與平定安史之亂的大食和波斯傭兵，準備從廣州乘船回國，但臨走前，他們打劫了廣州城，「劫倉庫，焚廬舍」，迫使廣州刺史韋利見「棄城而遁」，最後才「浮海而去。」[29]

總體來說，這段時期中國與大食的國勢呈現了此消彼長的局面。在玄宗統治期間（公元七一三至七五五年），雙方曾有過四次戰爭。前三次都以唐軍的勝利擋住了大食勢力的東擴。但是天寶十年（公元七五一年），因唐將高仙芝深入敵境，在怛（音「達」）羅斯（今哈薩克斯坦境內）為大食所敗，不久又發生安史之亂，從此唐朝退出了中亞，大食帝國趁機取而代之。此時，阿拉伯世界也進入了輝煌的阿拔斯王朝統治的時期。

烏馬亞王朝到統治末期，因遜尼派與教內擁護穆罕默德女婿阿里的什葉派（Shi'a）和其他教派的結怨愈演愈烈，帝國內部阿拉伯人與非阿拉伯人之

◆著名的《一千零一夜》西亞和南亞民間故事集，描寫的是東西商業交流的黃金時代的大食帝國景象，靈感的來源就是近年來飽受美國發動的兩次伊拉克戰爭打擊摧殘的巴格達。圖為一五八〇年出版的德文本《一千零一夜》封面。（取材自維基百科，圖片來源：The Yorck Project: 10.000 Meisterwerke der Malerei. DVD-ROM, 2002. ISBN 3936122202. Distributed by DIRECTMEDIA Publishing GmbH.）

間的矛盾不斷擴大，使得他們的統治搖搖欲墜。公元七五〇年，先知穆罕默德親叔父的後裔阿拔斯（Abu'l-'Abbass）自封為哈里發，起而領導反抗力量，兩年後將逃往埃及的烏馬亞家族最後一任統治者瑪溫二世（Marwan II）捕獲斬首，終結了烏馬亞王朝。

真正開啟阿拔斯王朝（公元七五〇至一二五八年）黃金時代的是阿拔斯的弟弟曼蘇爾（Al-Mansur, 712-775）。他在公元七五四年繼任哈里發，恢復獨尊遜尼教派，並著手建立了阿拔斯家族世襲制度。在他的統治下，吸收了波斯的文學、藝術和學術研究精髓的伊斯蘭化進程給大食帝國帶來了日新月異的變化，內部政治安定，工農業繁榮，商人階層活躍，伊斯蘭文化遠播，由此帶動了歐亞非不同文明的更密切交流。由於崇尚黑色服飾，唐王朝稱之為「黑衣大食」。

從東西交流的意義上，曼蘇爾最大的成就是將統治中心從敘利亞搬遷到伊拉克。公元七六二年，他召集了來自帝國各地數以千計的建築人才，以五年的時間在美索布達米亞平原的底格里斯河（Tigris）河畔建立了一個圓形的城市——巴格達。這個偉大的城市不僅是行政中心，也是把阿拉伯帝國的目光投向世界的前沿。用曼蘇爾自己的話說：

「（巴格達）是底格里斯河與幼發拉底河（Euphrates）之間的一個『島嶼』，……是世界的濱水前沿。」[30]

同時，可以直下波斯灣的底格里斯河，也成為曼蘇爾心目中直通中國的通渠大道。他說：

「這裡是底格里斯河；我們與中國之間暢通無阻；海上過來的任何物品都可以經由這條河流運到。」[31]

在往後的歲月中，巴格達逐步發展成為與唐朝的長安地位相當的大都會，數以百計的遠洋帆船停泊在底格里斯河上，奢侈淫欲充斥了這個繁華的城市。它是《一千零一夜》故事的靈感來源，是阿拉伯商人源源航向中國的源頭。隨著中國大宋王朝的建立，東西商業交流的黃金時代也跟著來臨，泉州一躍而為推動中國從海上溝通阿拉伯世界的主要港口之一。

鼎盛時期

公元九六〇年，宋太祖趙匡胤稱帝建立宋朝以後，為了擴充國庫，大力加強海外貿易，按十征一抽稅。太祖開寶四年（公元九七一年）在廣州重建

◆泉州市中心已經存在了千年以上的伊斯蘭清淨寺，創建於北宋大中祥符二年（一〇〇九年），是阿拉伯人到華通商的歷史見證。

了市舶司，不久又在杭州設兩浙市舶司，隨後轉移到明州（今寧波），真宗咸平二年（公元九九九年）再於杭州、明州各設一個市舶司。

十、十一世紀之交，泉州的海外貿易地位顯然已大為提昇，並已超越了福州。[32] 神宗寧熙五年（公元一○七二年），有在此設置市舶司的打算，下詔尋求設置之法。到哲宗元祐二年（公元一○八七年）朝廷正式在泉州設置了這一海外貿易管理機構。[33] 從此，泉州與廣州、明州、杭州和翌年設置市舶司的密州板橋鎮（今山東膠縣）同樣成為對外貿易的一級港口，[34] 奠定了向世界級港口前進的基礎。

泉州港地位的提昇與閩南地區經濟的發展是分不開的。十世紀末，宋太宗以北方專種粟、麥、黍、豆，南方專種粳稻，勸江南、兩浙、嶺南和福建諸州百姓兼種北方糧食。[35] 另外，福建開始推廣再熟稻（兩熟稻）和引進耐旱的占城稻（也是兩熟稻），泉州也種植甘蔗。[36]

隨著農業進步而來的是手工業的發展。陶瓷業在閩國原有基礎上有了更大的發展。泉州屬下各縣遍布陶瓷製作場所，這裡也是當時全國生產和冶煉鐵、銅、銀等金屬的重要場所。[37]

人口的大幅增長也推動了泉州向海外的擴張，神宗元豐三年（公元一○八○年）泉州人口已達二十萬人以上。[38] 雖然農業有了進展，但是地少人稠的壓力迫使泉州人不得不向海上發展。

與此同時，羅盤和指南針的普及給航海事業帶來了巨大的動力，造船業更迅速發展。海舶是宋初泉州的「土產」，[39] 船隻的結構和平穩性已足以承擔遠洋航行的重任，大的可搭載五、六百人以上，[40] 為泉州海商的遠航提供了有利的工具，與廣州等地的遠航船隻一起，打破過去主要由波斯、阿拉伯船隻壟斷的南海海上航行局面。[41]

這種海上勢力的消長，與大食帝國內部的矛盾激化是分不開的。就在大唐王朝經歷了從安史之亂後的復原階段再過渡到黃巢之亂的同時，表面上盛

極一時的阿拔斯王朝統治下的伊斯蘭世界大小動亂接連不斷。公元八七七年，也是黃巢之亂的顛峰期間，伊拉克南方的黑人奴隸叛變，叛軍甚至一度逼近巴格達，到八八三年亂事才完全平息。

因為黃巢之亂中，廣州的阿拉伯和波斯商人大批受到殺害，一時外商對直航中國裹足不前，改而在馬來亞半島西岸的麻六甲與南下的中國商人會合交易。[42] 之後，西亞商人雖慢慢恢復前往中國，但是從公元八九〇年到九〇六年大食帝國又有卡馬千教派（Qarmatians）在敘利亞和阿拉伯東部作亂，嚴重干擾了商業貿易，因此阿拉伯商船在南海的馬來半島至中國一段的海上優勢，可能從九、十世紀之交起，逐漸由中國的遠洋航船取代。到十一世紀宋王朝擴大海外貿易後，從泉州出發的船舶，也自然成為南海海上的重要景觀。[43]

在馬來西亞沙巴州北方外海挖掘出來的一艘北宋沉船遺物，見證了當時的海外貿易內涵。這艘沉船的遺物是在沙巴西北端靠近海岸處發現的。[44] 表明當時中國的貿易船朝南已經遠航到菲律賓群島西南方的渤泥國（今文萊，

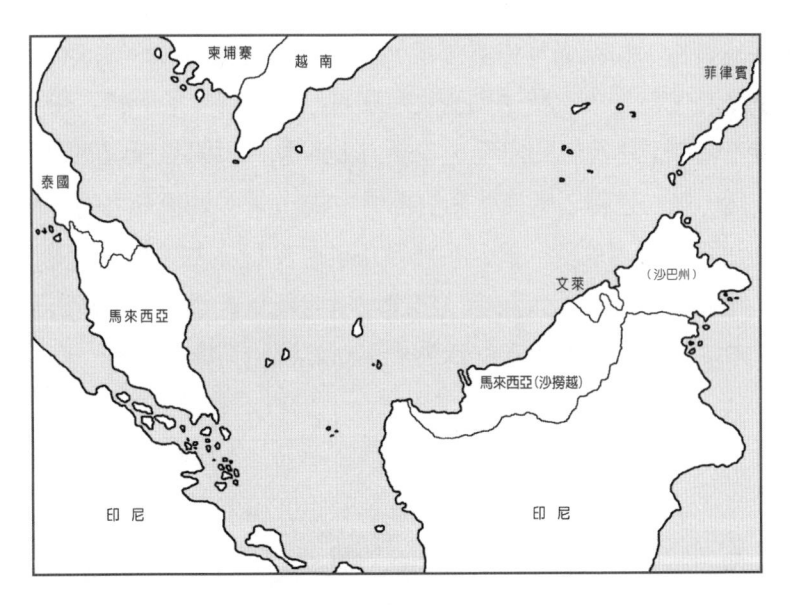

◆在宋代，南海海域已是從泉州出發的船隻活躍的場所。

時沙巴為文萊屬地）。

公元一一二九年宋高宗南渡以後，宋室江山疆土日蹙，為了擴大財源，對海外貿易更形依賴，泉州的發展益發迅猛。理宗寶慶元年（公元一二二五年），時任泉州市舶司提舉的宋朝皇帝宗室趙汝適撰成《諸蕃志》，對海外五十餘國或地區的情況作了條理敘述，成為泉州對南海和西亞諸國通商盛景的最佳寫照。有關渤泥國的部分是這樣描寫的：

「渤泥在泉（州）之東南，……番商興販，用貨金、貨銀、假錦、建陽（在福建北部）錦、五色絹、五色茸、琉璃珠、琉璃瓶子、白錫、烏鉛、網墜、（象）牙臂環、臙脂、漆椀楪、青甆器等博易」。[45]

可見「番商」（即大食、波斯商人）是頻繁出入這一帶的交易商，他們帶去了西亞的金銀貨幣、琉璃珠、琉璃瓶（即玻璃珠、玻璃瓶）和用非洲象牙製作的臂環，也轉售從泉州等地或中國商人手中購得的布料、木胎漆器（也是福建特產）和青瓷等中國特產，而且從這些轉售貨品的內容來看，也多為福建產品。但是，這時中國船隻也應當已經活躍於這一帶，從事直接交易，不然不會有上述沉船的出現。公元十世紀初，反阿拔斯遜尼派王朝的什葉派穆斯林，以先知穆罕默德女兒法蒂瑪（Fatimah）的後裔名義，從葉門西向擴張到北非和西西里島，於公元九〇九年在突尼斯建立了法蒂瑪王朝，而後征服了埃及，在公元九六九年以新建城市開羅為新都，並陸續占有了阿拉伯半島、敘利亞、巴勒斯坦和紅海海岸。在其統治高峰，甚至一度控制了巴格達。

此後，法蒂瑪王朝所在的尼羅河三角洲，因其人口和財富的集中，逐漸取代了阿拔斯王朝的美索布達平原，成為對印度和東亞的主要商業力量。阿拉伯半島西側的紅海也取代了東側的波斯灣，成為溝通歐洲與東方世界和非

洲與阿拉伯世界對中國貿易的新興主要孔道。法蒂瑪王朝一直維持到十二世紀後期即公元一一七一年，才為遜尼派穆斯林推翻。

十世紀末出身於耶路撒冷的地理學家馬克迪西（Al-Maqdisi，或作 Al-Muqaddasi）在他的著作《最佳宗教知識門類》中說：

「巴格達從前是一個宏偉壯觀的城市，但是現在已經殘破不堪，已經失去了它所有的光彩輝煌，……今天米斯爾的法斯塔特（即開羅老城）就像過去（輝煌）的巴格達一樣，我不曉得還有什麼伊斯蘭城市會比它更為繁華。」[46]

《諸蕃志》根據從「番商」得來的知識，對這個新興於尼羅河兩岸的「大食」法蒂瑪王朝有這樣的描寫：

「國有大港，[47] 深二十餘丈，東南瀕海。支流達於諸路。……番商興販，係就三佛齊（建都今印尼蘇門答臘的巴林邦）、佛羅安（可能是今馬來西亞西北部的吉打州）等國轉易（即轉口貿易），……元祐（公元一〇八六～一〇九三年）、開禧（公元一二〇五～一二〇七年）間各遣使入貢。有番商曰施那幃，[48] 大食人也，蹻（僑）寓泉南，輕財樂施，有西土習氣，作叢塚於城外之東南隅，以掩胡賈之遺骸。提舶林之奇記其實。」

也就是說，從法蒂瑪王朝時期起，從非洲紅海海岸出發的船隻也加入了東方貿易的行列，他們在蘇門答臘和馬來半島對中國進行轉口貿易。也有西亞商人在泉州住了下來，當中有一位樂善好施的波斯商人在泉州城東南郊外建造了群葬墓塚，埋葬死在當地的胡人「番商」的遺骸。曾經擔任泉州市舶提舉的林之奇記載了這件事。

曾經擔任過翰林院大學士的南宋著名詩人樓鑰（公元一一三七～

一二一三年）也這樣描寫過蕃舶競發泉州的繁盛景象：

「金山珠海，磊砢乎萬寶之藏；贊賣航琛，奔走乎百蠻之廣；樓船舉騛而過肆，賈胡交舶以候風。」⁴⁹

　　胡人東來和泉人南下的結果，給東西文化帶來了蓬勃的交流，從蘇門答臘到渤泥國，南海的大小島嶼無不籠罩在伊斯蘭的宗教影響下。泉州也迎來了伊斯蘭與佛教、道教並行發展的高峰時期。大批胡人在泉州定居了下來，有些人成為家財萬貫的巨商，甚至成為朝廷的命官。⁵⁰經過世代繁衍，至今在泉州和台灣，仍可在一些人的臉上，依稀發現勾鼻或絡腮的強烈胡人表徵。

　　相對來說，因為大食文化從海上東來遠早於中國海商的南下和西進，伊斯蘭文化在南海諸國的傳播深度和廣度也遠遠超越了中華文明的影響，即使到了後來，華人不斷大量移居當地，也很難動搖其根基。只有到十七世紀基督教文明入侵以後，才使其在整個南海島嶼邦國的伊斯蘭文化一統局面略有改觀。⁵¹

　　但是，由於當時高麗和日本的孤立地理位置，中華文明卻在兩國開花結果，而泉州港在當中，更是扮演了極為重要的角色。

　　北宋年間，福建建州及其轄下建陽縣是中國東南方的刻書中心，其所刻儒家經典和文學藝術、日用書刊經泉州遠傳高麗、日本。哲宗元祐年間，宋朝與高麗關係不通，但泉州海舶經常私下前往買賣。元祐四年（公元一〇八九年），海商徐戩受高麗財物，在杭州雕造《夾注華嚴經》等近三千片後，運往該國。⁵²

　　對日本方面，徽宗崇寧四年（公元一一〇五年），有泉州綱首李充往日本貿易，載運了象眼四十匹、生絹十匹、白綾二十匹、瓷碗二百床、瓷碟一百床。⁵³這是比較早期的民間對日貿易記載。寧宗嘉定十年（公元

一二一七年），日本僧人慶政上人隨泉州船隻抵達泉州，寄住開元寺，回國時帶回了開元寺福州版《崇寧萬壽大藏經》兩部。但總體來說，宋朝年間，泉州對日貿易仍屬萌芽時期，遠比不上對南海各國的規模。

不可避免的，像「蕃商」、「住唐」留居中國一樣，隨著泉人南下貿易的開展，也開始有些泉州居民「住蕃」，往海外移民僑居。[54]《宋會要‧刑法》二之五七記載：泉州海商「時有附帶曾經赴試士人及過犯停替胥吏過海入蕃，或名為住冬，留在彼國，數年不回。」也就是說有落第士人或犯過的離職胥吏，因在家鄉待不住了，常年流落國外。明朝出版的《嘉坡店古今》也記載南宋咸淳十年（公元一二七四年）晉江安海人蘇光國放洋到蘇門答臘、渤泥、波斯等地，住在夷國。[55] 這些人都是後人習稱的華僑先驅。

十三世紀初，蒙古國崛起於中國北方草原，勢力迅速擴張。公元

◆晉江陳埭丁姓家族是宋末或元初到泉州經商的阿拉伯人的後裔。圖為丁姓家族的回族墓園。

一二五八年，蒙古大將旭烈兀攻占巴格達，又進軍敘利亞和埃及，在一二六〇年占領了大馬士革。但在進攻大馬士革時傳來了蒙古大汗蒙哥的死訊，旭烈兀連忙東返，爭奪汗位，留下部將繼續進軍埃及，未料遭到當地由突厥奴隸組成的部隊強烈抵抗。蒙古鐵騎在耶路撒冷之北的迦利利平原上，嚐到了西征以來的首次大敗，使得埃及倖免於蒙古人的征服。但巴格達以東原大食帝國的廣大地域，從此成為旭烈兀建立的伊兒汗國的領地。

公元一二七一年，繼承了蒙哥汗位的忽必烈定國號為元，一二七四年大軍南下大舉攻宋，一二七六年攻占臨安（今杭州）。年僅十歲的宋端宗趙昰（音「是」）在福州建立政權，繼之逃往泉州，因掌控泉州軍、政、經濟實權的市舶司提舉蒲壽庚拒予接納，最後在廣東外海溺死。元世祖至元十四年（公元一二七七年），蒲壽庚向元軍獻上泉、漳二州，保住泉州免受兵燹之災。

元朝滅宋之後，繼承了宋朝重視海外貿易的政策，在領有泉、漳的同年，續在泉州設立市舶司。後世祖忽必烈又命蒲壽庚的兒子蒲師文率副手通道外國，宣撫諸夷，[56]並鼓勵發展國內海運，流通南北貨物。至元二十六年（公元一二八九年）尚書省大臣報告說，主管海運的「行泉府」所管海船已達一萬五千艘。[57]

但是，元人統治初期，為了壟斷海外貿易，只允許由官府提供船隻、本錢，「選人入蕃，貿易諸貨」，所獲利潤，官方取七，貿易人得三。到至治三年（公元一三二三年）才全面開放民間自由到海外貿易，回國後再行抽稅。[58]

即使如此，海外貿易比宋朝又有了更大的發展。公元一二九一年（世祖至元二十八年），義大利人馬可‧波羅為了護送元朝公主遠嫁波斯，在泉州看到了萬商雲集、船舶往來如梭的景象。公元一三四五年（順帝至正五年），摩洛哥人伊本‧巴圖塔（Ibn Battuta）來到泉州，將其形容為與當時印

度西南海岸的加利卡特（Calicut）和奎隆（Quilon）、黑海克里米亞半島東側的蘇達克（Sudak）以及埃及地中海岸的亞歷山大港（Alexandria）並列的世界最大港口。泉州城裡大食人、波斯人、印度人和南海諸邦的商人比鄰而居，佛教、伊斯蘭、摩尼教、印度教（婆羅門教）相列並存。橫跨歐亞的蒙古帝國治下的多元種族和文化，在泉州一地具體體現了出來。

但是，繁華總有盡時。整個元朝統治時期，人民暴亂此起彼伏，閩南漳州地區也多次發生民亂。順帝至元年間（公元一三三六—～一三四〇年），泉州遭到兵寇，「郡域之外，莽為戰區」，到至正十一年（公元一三五一年）仍未能恢復舊觀。[59]

公元一三六八年，朱元璋稱帝，攻占大都，元朝最後一個皇帝北走，中國又進入了另一個朝代。

但這是一個封閉的時代。因日本的海上盜寇勢力興起，為患中國沿海，朱元璋下令海禁，民間片板隻帆不得下海，泉州港的正式對外交通斷絕，往日繁華不再，曾經輝煌一時的國際城市，只留下了一些殘碑斷壁作為歷史的見證，一直要到明朝中後期歐洲人東來以後，才又重新恢復其海上的活力。

●註釋

1　一九八三年六月，廣州在建築施工時發現了被漢高祖封為南越王的趙佗之孫、南越國文帝趙眜（音「妹」）的墳墓，墓中出土了與海上貿易有關的大量文物，其中包括波斯銀盒、西亞金花泡、非洲象牙和東南亞乳香等。另外，在西沙群島的甘泉島上也曾發現南越國時期的陶器。這些文物的發現，證明了至少到漢朝為止，中國已經與海外各國建立了一定的貿易聯繫。以上據廣州「西漢南越王博物館」陳列內容。

2　印度東南海岸的 Kanchipuram，又稱 Kanchi，時為 Pallava 王朝的首都，為印度教聖地之一。《漢書》卷二十八，〈地理志〉稱：「自日南障塞、徐聞、合浦船行可五月，有都元國；又船行可四月，有邑盧沒國；又船行可二十餘日，有諶離國；步行可十餘日，有夫甘都盧國。自夫甘都盧國船行可二月餘，有黃支國，民俗略與珠厓相類。其州廣大，戶口多，多異物，自武帝以來皆獻見。有譯長，屬黃門，與應募者俱入海市明珠、璧流離、奇石異物，齎黃金雜繒而往。……大珠至圍二寸以下。」

3　同上稱：「平帝元始中，王莽輔政，欲燿威德，厚遺黃支王，令遣使獻生犀牛。自黃支船行可八月，到皮宗；船行可八月，到日南、象林界云。黃支之南，有已程不國，漢之譯使自此還矣。」另見 W. I. Siriweera, Vice Chancellor, Rajarata University, *China's Ceramic Trade with Ancient Rajarata*（《中國與古代拉賈拉特的陶瓷貿易》），http://www.lankalibrary.com/geo/ancient/China_trade.htm。又據公元七十九年義大利維蘇威火山爆發時，因試圖搶救災民而在海上喪生的羅馬艦隊司令普里尼（Pliny the Elder）生前記載，當時錫蘭派駐羅馬的使者曾提到，有一群膚色較淺的細眼睛商人在斯里蘭卡島西北方的一個港口曼托巴（Mantoba）要求進行貿易。推測這些商人就是中國商民。

4　古代歐洲人將陸上絲綢之路稱為Seres，是指中國北方而言，海上絲綢之路稱為Sinae，意即中國南方。中國則被稱為Tziniza或Tsinita。關於Tziniza或Tsinita的稱呼，最早見於公元六世紀初期一位出生於埃及亞歷山大的希臘旅行家科斯瑪斯（Cosmas Indicopleustes，原為商人，後成為天主教的分支景教的教徒）所寫的旅行著作 *The Christian Topography*（《基督教徒眼中的世界》）中。該書由原印度加爾各答大學研究員J.W. McCrindle自希臘文譯成英文，在一八九七年出版。全書內容可在以下網站查閱 http://www.tertullian.org/fathers/cosmas_01_book1.htm。另見該書第二冊注六十九有關中國名稱的解釋部分，見 http://www.tertullian.org/fathers/cosmas_02_book2.htm。

5　George F. Hourani, *Arab Seafaring in the Indian Ocean in Ancient and Early Medievals*（《古中世紀和早中世紀印度洋上的阿拉伯人海上航行》），Princeton University Press，一九九五年版（一九五一年初版），第四十三頁。

6　Touraj Daryaee, *The Persian Gulf Trade in Late Antiquity*（〈晚古時期的波斯灣貿易〉），刊登於夏威夷大學出版社出版的 *Journal of World History*（《世界歷史期刊》），第十四卷第一期，二〇〇三

年三月號。

7　Shahab Setudeh-Nejad, *Cultural and Cosmological Impact of Iranian Civilization in Vietnam and Peninsular Areas of Southeast Asia*（〈伊朗文明對越南和東南亞半島地區的文化和地域影響〉），刊登於以下網址：http://www.iranchamber.com/culture/articles/iranian_cultural_impact_southeastasia.php。

8　關於唐朝在廣州設立市舶司的年代有不同的立論，共有從太宗貞觀十七年（公元六四三年）、高宗時期（公元六五〇~六八三年）、高宗顯慶六年（公元六六一年）、玄宗先天元年至開元二年（公元七一二~七一四年）和開元二年等五說，本書採最晚期即開元二年的說法。見王川，〈論市舶太監在唐代嶺南之產生〉，《中山大學學報：社科版》，二〇〇〇年二月。

9　王川引《舊唐書》，同上。

10　《古中世紀和早中世紀印度洋上的阿拉伯人海上航行》，第四十六~五十頁。

11　引（唐）道宣，《續高僧傳》卷一。見吳幼雄、黃偉民、陳桂炳編，《泉州史跡研究》，廈門大學出版社，一九八八年，第六十三頁。

12　九世紀一位阿拉伯的郵政官、地理學家胡爾達比赫（Ibn Khordadbeh，或作 Ibn Khurdadhbih，公元八五〇~九一一年）在他的著作 *Treatise of Roads and Provinces*（《道里邦國志》）中說，當時中國有四大國際貿易港口，即 el-Wakin、Khanfou、Djanfou 和 Kantou。由於阿拉伯語的發音差異，對這四個港口的確切所在，研究學者有很大的爭議。一九三〇年代因研究宋元時期在泉州的阿拉伯大商人蒲壽庚而引起國際學者對泉州研究興趣的日本學者桑原騭藏認為分別是指交州、廣州、泉州和揚州。但香港學者蘇基朗認為Djanfou是指福州，因當時福州的政治經濟地位遠遠超過泉州。見 Billy. K. L. So（蘇基朗），*Prosperity, Region and Institutions in Maritime China, The South Fukien Pattern, 946-1368*（《刺桐夢華錄》），哈佛大學出版社，二〇〇〇年，第十七~二十三頁。

13　Hugh R. Clark, *Community, Trade, and Networks, Southern Fujian Province from the Third to the Thirteenth Century*（《社群、貿易和網絡，三到十三世紀的閩南》），劍橋大學出版社，二〇〇二年，第十七頁。

14　《舊唐書》卷四十四，〈志第二十 地理三〉記載：天寶年間泉州郡有「戶二萬三千八百六，人口十六萬二百九十五。」

15　《新唐書》卷四十一，〈志三十一 地理五〉。又（唐）包和在〈送泉州李使君之任〉（《全唐詩》卷二〇八）寫到「雲山百越路，市井十洲人，執玉來朝遠，還珠入貢頻」，這是玄宗天寶年間（公元七四二~七五五年）的情景。一些研究學者稱，這正好證明泉州當時的海外交通已高度發達，因此海外商人、貢使紛紛來到泉州。但蘇基朗認為，這是福州的寫照，因為福州的舊稱是泉州，而只有福州的政治地位才能接受海外朝貢。

16　這一數字可能偏高。

17 《福建史稿》，第一三〇頁。

18 《新唐書》卷一八二，〈列傳第一百七〉。

19 亞齊德稱，十二萬的數字是根據中國為稅收目的對外來住民所作的普查。見《古中世紀和早中世紀印度洋上的阿拉伯人海上航行》，第七十六～七十七頁。

20 韓偓的《南安寓止》詩云：「此地三年偶寄家，織籬茅屋共桑麻；碟矜翅暖徐窺草，逢倚身輕凝看花」。見《全唐詩》卷六八一之五十五。

21 《新五代史》，〈閩世家〉。

22 《福建史稿》，第一六二～一六四頁。

23 引乾隆版《泉州府志》卷四十。見《泉州史跡研究》，第六十五頁。

24 分見《全唐詩》卷六八一之九、十二、十七和五十五。

25 陳鵬，〈宋元時期泉州陶瓷業與產品外銷〉，陳世興、丘熙洽、林華東和吳幼雄等編，《泉州學研究》，福建教育出版社，二〇〇二年，第三五九頁。

26 刺桐在阿拉伯語發音為zaiton或zaitun，衍生自古法語的英語satin（緞料）一字，即是由這一阿拉伯語詞而來。

27 《資治通鑑》卷二百一十一。

28 《舊唐書》，〈本紀第十 肅宗〉；同書，卷第一百一十〈列傳 第六十〉。

29 《舊唐書》，〈本紀第十 肅宗〉；《資治通鑑》卷二百二十。

30 引埃及史學家Al-Ya'qubi（雅庫比，？～八七三年），*Kitab al-Buldan*（《萬國志》）。見《古中世紀和早中世紀印度洋上的阿拉伯人海上航行》，第六十四頁。

31 引波斯史學家Abu Ja'far Muhammad ibn Jarir al-Tabri（八三八～九二三年），*Tarikh-ur-Rasul wal Maluk*（《使徒與國王紀事》）第一卷。見同上。

32 宋太宗時（公元九七八～九九七年）下詔「諸蕃香藥寶貨至廣州、交阯、兩浙、泉州，非出官庫者，無得私相貿易」，福州不在這些口岸的範圍。

33 《宋史》，〈志第一百三十九 食貨下八〉。

34 徽宗政和三年（公元一一一三年）在秀州華亭縣（今上海松江）設「市舶務」，為二級機構。

35 《宋史》，〈志第一百二十六 食貨上一〉。

36 《福建史稿》上冊，第一九六頁。

37 同上，第二一七～二一八頁。

38 據《元豐九域志》。

39 據《太平寰宇記》。

40 據南宋吳自牧，《夢梁錄》卷十二，〈江海船艦〉。

41 一九七五年泉州後渚港出土的一艘宋代貨船,可載重兩百噸以上,採先進的水密隔艙技術,全船有十三個隔艙,船板用桐油灰和麻絲等填塞防水。

42 見《古中世紀和早中世紀印度洋上的阿拉伯人海上航行》,第七十八頁。又另一會合地可能是在今馬來西亞西北端的吉打州。在此之前,吉打州中部海岸的布秧河(Bujang)河口兩岸一直是印度船舶和後來的阿拉伯商船前往中國之前的一個重要停靠地,也是中國船隻在印度洋東岸交易的重要港口,該處碼頭遺址曾出土不少宋朝的青瓷殘片,見鍾錫金,《吉打二千年》,赤土文叢編輯部,吉打,一九九三年,第五十九~六十頁。

43 從十一世紀以後,中國航船勢力更逐漸延伸到位於印度洋中心的斯里蘭卡。根據考古挖掘,到十一世紀為止,斯里蘭卡的陶瓷仍以波斯產品為主,到十一世紀以後,改為中國陶瓷為主。http://www.maritimeasia.ws/topic/chronology.html。

44 發現的地點稱為「交叉角」(Tanjung Simpang),發現的時間是在公元二〇〇三年四月。雖然之前已經遭到漁民或其他人打撈走不少遺物,但從剩餘的物件仍可看出裝載的貨物情況,其中主要是上釉陶器和一些銅鑼。這些陶器以帶嘴壺罐和碗碟為主,底部有的用毛筆寫上商家標記。不過,總的來說,質地較粗,估計是民間燒製,非官窯產品。至於沉船的船體,則為溫帶木材所製,推斷是松樹或杉樹,因此判斷沉船為中國船。詳情見 http://www.maritimeasia.ws/tsimpang/index.html。

45 《諸蕃志》,卷上·志國,〈渤泥國〉。

46 引Al-Maqdisi(馬克迪西,或作 Al-Muqaddasi),《最佳宗教知識門類》(*The Best division for Knowledge of the Religions*)。見《古中世紀和早中世紀印度洋上的阿拉伯人海上航行》,第七十九頁。文中的「米斯爾」(Misr)即趙汝適《諸蕃志》「大食國」一條中所稱的國都「蜜徐籬」,為開羅的阿拉伯語舊稱。「法斯塔特」(Al-Fustat)是位於開羅之旁,但比開羅更古老的古城,在公元九六九年開羅成為國都後被併入。

47 指紅海西側埃及境內的庫賽爾港(Kosseir)。見楊博文校釋,《諸蕃志校釋》,中外交通史籍叢刊,北京中華書局,二〇〇〇年,第九十三頁。

48 據《諸蕃志校釋》說法,施那幃可能是地名,因此可能是指波斯灣東側古代波斯(今伊朗)境內重要通商港口希拉夫(Siraf)的商人。因此這裡所指的「大食」商人其實可能是波斯人。

49 引樓鑰,《攻媿集》卷六十三。「代謝提舉市舶啟」。見《諸蕃志校釋》前言,第五頁。

50 如高宗紹興年間(公元一一三一~一一六二年),大食蕃客蒲羅辛招商到華貿易有功,被授與承信郎官職。南宋末年,阿拉伯人後裔蒲開宗也因招商有功,被授予同樣官職;其子蒲壽庚,被授予福建安撫、沿海都制置使和福建廣東招撫使兼福建市舶司提舉。

51 具體的是在菲律賓的主要島嶼建立了天主教信仰,但是印尼、馬來西亞、文萊,仍然是牢固的伊

斯蘭信仰國家。

52 傅宗文，〈刺桐港對海上絲綢之路的雙向支撐〉，泉州旅遊信息網絲綢之路欄目。見 http://travel.qz.fj.cn/silkroads/file04.htm。另見《四庫全書‧蘇軾集》卷五十六，〈奏議十首〉。元祐四年十一月，時任杭州知州的反海商文人蘇軾曾上奏書稱：「福建狡商，專擅交通高麗，引惹牟利，如徐戩者甚重。訪聞徐戩，先受高麗錢物，於杭州雕造《夾注華嚴經》，費用浩汗，印板既成，公然於海舶載去交納，卻受本國厚賞，官私無一人知覺者。臣謂此風豈可滋長，若馴致其弊，敵國奸細，何所不至。兼今來引致高麗僧人，必是徐戩本謀。臣已伽送左司理院根勘，即當具案聞奏，乞法外重行，以戒一路奸民滑商。」

53 見上注〈刺桐港對海上絲綢之路的雙向支撐〉。

54 據《萍州可談》，「北人過海外，是歲不還者，謂之住番，諸國人至廣州，是歲不還者，謂之住唐。」

55 李天錫，〈從泉州華僑看泉州港在海上絲路的歷史地位〉，《泉州師範學院學報》，二〇〇三年第一期。

56 汪大淵，《島夷誌略》，〈吳序〉。

57 《元史》卷十五，〈本紀第十五〉。

58 《元史》，卷九十四，〈志第四十三 食貨二〉。

59 《島夷誌略》，《清源續志序》。

3

第三章
崛起在南海航線上

宋、元兩朝鼓勵海外貿易的政策，有力促進了南方之民向海外的發展。特別是泉州地區的商民，以其有利的地理條件和敢與風浪搏鬥的特質，不斷衝出國門，大批南下散布在中南半島、馬來半島、印尼群島和婆羅洲的南海諸國港口，與早已活躍當地的波斯、阿拉伯和印度商人會合交易。他們在這些海域的頻繁進出，不但大大增進了中國對世界的認知，也帶動了南海各國貿易港口的興旺發達。華人的經商據點開始崛起在南海航路上的各個重要口岸。

從泉州、廣州沿著交趾（北越）、占城（越南中部）海岸南行，再穿越暹羅灣直達馬來半島東海岸的航路沿線，出現了不少大大小小華商興貿通商的據點。再由這些港市西延到馬來半島西岸和南延到爪哇、蘇門答臘各島沿岸港口，通達印度洋的前沿。也有直接由閩、粵南下，或從南海航路向東到呂宋、渤泥一帶與土著直接交易的。這些海商足跡所至，形成了一個綿密的貿易商圈，並將中國的外貿商品與文化元素帶到了東南亞各地。

直到十六世紀歐洲人的商船首次進入亞洲水域為止，以南海香料、中國絲綢與陶瓷器和西亞、印度的金銀珠寶、藥材與布匹為主要交換內容的貿易活動，給這些港口城鎮帶來了一片繁忙，它們是南海上的明珠，也是一代又一代的中國閩南沿海居民衝出家園、追求財富的冒險樂園。

這些港市和城邦當中，又以傳統上屬於「西洋」範疇的林邑浦（今越南會安）、登流眉（單馬令，即今泰國六坤）、赤土（今泰國宋卡）、狼牙修（凌牙斯加，即今泰國北大年）、吉蘭丹（馬來西亞地名）、登牙儂（今馬來西亞丁加奴）、蓬豐（今馬來西亞彭亨）、滿剌加（今馬來西亞麻六甲）、吉陀（今馬來西亞吉打）、闍婆（今印尼爪哇島）、室利佛逝（三佛齊國，今蘇門答臘島一帶），以及屬於「東洋」的渤泥（今文萊一帶）、蘇祿群島和麻逸（今菲律賓民多洛島等島嶼）等統領風騷，在歐洲人東來以前，始終居於船舶貿易的主導地位。[1]

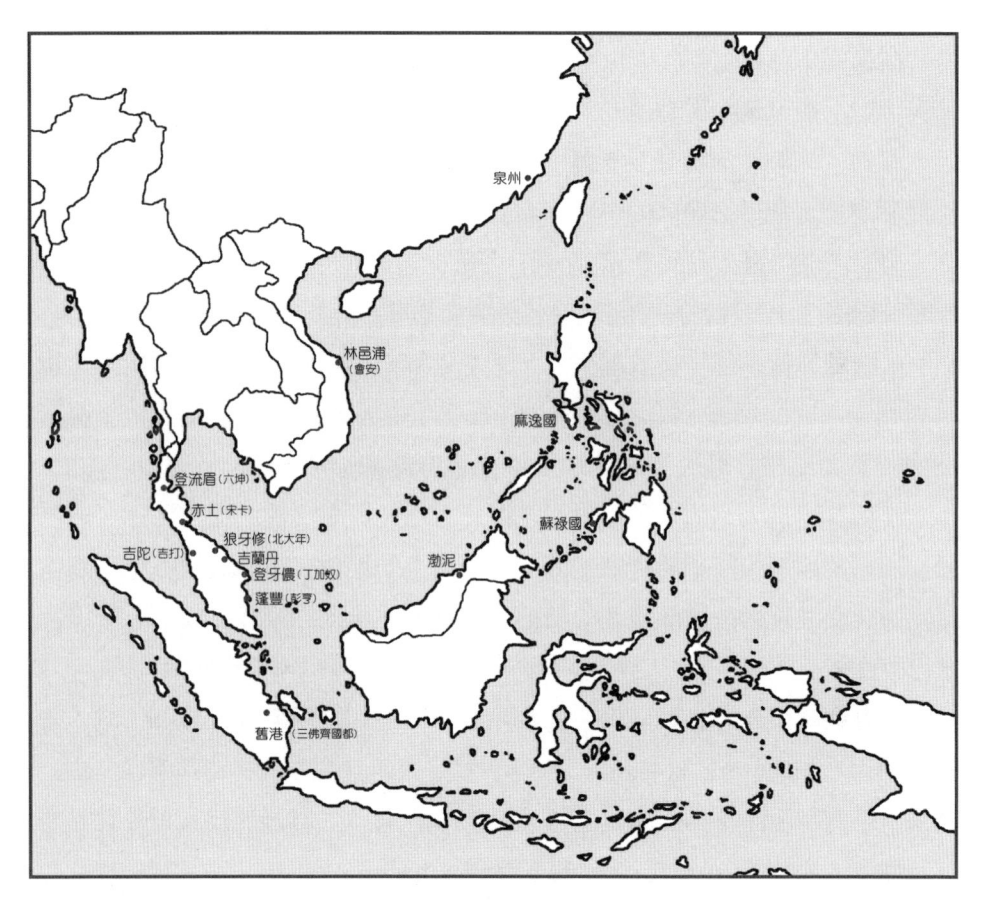

◆古南海航路沿線據點。

第三章　崛起在南海航線上

從占城到暹南三邦

在越南中部秋盆河（Thu Bon）北岸近海之處，有一個稱為「會安」的美麗古城。很早以來這裡就是華人商船從泉州、廣州南下南海諸國的一個重要中轉站。它繁盛的貿易，支撐了古占城國的存在與繁榮。即使到今天，人們似乎還是可以從它殘存的中國南方式古老建築中，感受到當年那些有錢的閩、粵海商在這裡活動的身影。中國古籍中很早就提到了會安這個地方。南北朝時期的《水經注》以林邑浦或大占海口稱呼。[2]

占城國原稱林邑，後改稱占婆，唐朝年間一度稱為環王，九世紀中葉以後直到宋、元、明三朝，都是以占城稱呼。這裡原來是秦代象郡林邑縣所在地，漢朝為象林縣，屬日南郡。到東漢末年獻帝初平三年（公元一九二年），稱為「占人」的當地居民殺了縣令，從此脫離中國，自立為國，成為最早出現於越南中南部的國家。因其近海的有利地位，印度商賈很早就到此貿易，久受婆羅門教（印度教的前期）的影響，早期的宗教、文字、曆法都源自印度。立國後，常遣使入貢中國，但也多次入侵中國南疆屬地。

公元六世紀末南北朝時期，占城國建都城於舊州茶橋（Tra Kieu）的「僧伽補羅」（Sinhapura, Singapura），[3]也就是《水經注》所稱的區粟城。由此向東不遠的林邑浦（Lam Ap）即是今人所稱的會安。林邑浦以其對外貿易的有利地位，成為這一時期占城國的重要經濟支柱。

大體上，中國對占城國的貿易，從宋朝以後開始興旺發達起來。泉州以對外貿易的地利之便，出海船舶也以占城為其重要停靠地，每年冬季南下，「自泉州至本國順風舟行二十餘程」，[4]等到南風季節再行回國。在這幾個月的逗留期間，有當地婦人登船，與船上的人結偶，到船離開時才依依不捨地「垂涕而別」，等待良伴下一年度的重臨。如有個別中國商販遇船難流落當

◆美麗的古城會安。（取材自維基百科）

地，這些婦人也會收留他們，供給衣食，並最後贈以重金，助其歸國。[5]

當地產物有象牙、沉香、[6]箋香（次一等的沉香）、伽藍香（即奇楠木香）、黃臘、烏木、白藤、孔雀、犀角、紅鸚鵡等，[7]當地商販從事的交易品有腦子（龍腦）、[8]麝香、檀香、草席、涼傘、絹、扇、漆器、瓷器、鉛、錫、酒、糖等。[9]

宋朝初年，占城國北鄰的交趾（交州）郡脫離中國建「瞿越國」後，與占城國時相攻伐。為了對付這個新獨立的越國，占城國向中國頻繁進貢。北宋太宗至道元年（公元九九五年），占城國王遣專使到中國，一次就進奉「犀角十株，象牙三十株，玳瑁十斤，龍腦二斤，沉香百斤，夾箋黃熟香九十斤，檀香百六十斤，崗雞二萬四千三百雙，胡椒二百斤，簟席五。」[10]

這些交易或商品進貢，反映了當時中國高級官場或上層富裕人家的生活

需求,其中又以各種焚香香料,占了中外貿易內容的很大部分。

會安的重要口岸地位持續達數百年之久,北宋太宗淳化元年(公元九九一年)以後雖因占城國都南移佛逝(Vijaya,又稱新州港,在今越南平定省歸仁),其地位可能受到影響,但是到了十六、七世紀歐洲人東來後,又再度大放異彩,成為中、日和歐洲商人匯聚的一個重要國際港口。

從會安繼續沿海岸南下,由中南半島尖端往西過暹羅灣,可直達古國登流眉(單馬令,Tambralinga);偏西南,可抵赤土國和狼牙修國。這些城邦也因都是印度商旅足跡所至,很早就成為中國商船前往交易的地方。

大概從宋朝開始,中國商人就與馬來半島中段東部的登流眉建立了貿易關係。登流眉建都於「六坤」(馬來語地名,或稱「洛坤」,Ligor,即今泰國境內的「那空是貪瑪叻」,Nakhon Sri Thammarat),它曾經是真臘國的屬國。

真臘是公元前二世紀左右,印度人在現在的柬埔寨和泰國境內建立的一個國家,中國史稱「扶南」,公元六世紀以後,因建立了新的王朝,改稱真臘。

建都於蘇門答臘島巴林邦(Palembang,現稱舊港或巨港)的三佛齊國(Sri Vijava,又稱室利佛逝)將真臘的勢力擠出馬來半島後,登流眉又成為三佛齊國的重要成員。十三世紀三佛齊國式微後,登流眉取而代之,一度成為馬來半島南段十二城邦的共主。

在篤信大乘佛教的真臘和三佛齊兩國的影響下,登流眉也深受印度佛教文化的熏陶,並仍帶有更早傳入的婆羅門教的色彩。登流眉又因為鄰近馬來半島最窄處的克拉地峽的地理位置,在相當時期內成為印度、錫蘭、真臘和中國文化交匯的重要場所。

十二世紀下半葉,也就是宋室南渡後不久,登流眉出產的沉香開始進入中國市場。沉香以海南島產的價值最高,與白金等價。[11] 進口的以真臘所產為上品,占城次之,登流眉沉香並未受到特別重視,但後來越來越受到消費

者歡迎，被認為與海南沉香不相伯仲，其極品只入權貴人家，一般人無法享用。[12]

緊鄰登流眉南方，是稱為「赤土國」的一個小城邦，原為三佛齊的屬國，後又轉屬登流眉。十四世紀中葉，泰國大城（Ayuthaya）王朝興起後，為其所滅。這個小邦也生產沉香。

宋卡（Songkhla）是赤土國的政治經濟重心，在伊斯蘭勢力進入之前，這裡也是婆羅門教和佛教外傳的重鎮。附近有一僧祇城，《隋書・赤土傳》有這樣的詳細描述：

「有門三重，相去各百許步。每門圖畫飛仙、仙人、菩薩之像，懸金花鈴髦，婦女數十人，或奏樂，或捧金花。又飾四婦人，容飾如佛塔金剛力士之狀，夾門而立。門外者持兵仗，門內者持白拂，夾道垂素網，綴花」。

這一座由許多婆羅門教和佛教寺廟組成的宗教城，至今仍殘留不少遺跡遺物。

早在公元七世紀初期隋煬帝時期，赤土國就與中國有了來往。隋煬帝曾派特使帶禮物往訪，赤土國也派出王子回訪，向煬帝致贈了金芙蓉冠和龍腦香等，因此這裡很早就與中國建立了朝貢貿易的關係。[13] 在僧祇城水道出口舊址所在，曾挖出中國帆船殘骸，宋卡中央寺則保存有出自該船的陶碗、大瓦罐和圓桌面等。在僧祇城遺址還挖出過製作八仙之一的漢鍾離和釋迦牟尼的中國鐵模。[14]

隋朝以後的一千年當中，中國船隻與宋卡繼續保持了海上來往，元朝時稱其為東沖古剌，[15]《鄭和航海圖》稱為孫姑那。清代以後，這裡已成為閩南海外移民的一個重鎮。其中漳州海澄吳讓家族就在此寫下了一頁輝煌的歷史。

公元一七六七年，暹羅素可泰（Sukhothai）王朝時期，緬甸入侵，駐

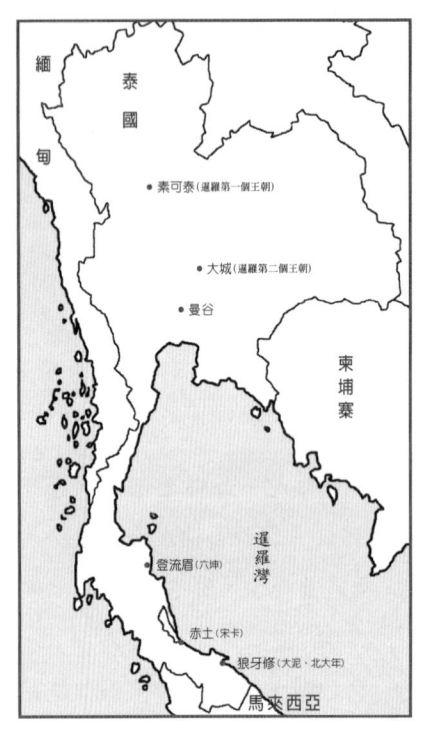

◆暹羅灣周邊邦國與中國船隻停泊港口。

守大城的城侯廣東澄海人鄭信，擊退了入侵緬兵，並建立了大城王朝，成為暹羅的第二個王朝。漳州海澄人吳讓因守宋卡有功，被鄭信封為城主，並獲鄰近四島燕窩專採權。從此吳氏家族在此立下百年基業，其子孫世襲城主到第八世，直到一八九六年因暹羅改成行省制才被取消。至今吳讓以下吳氏歷代族墳仍散布於宋卡對岸山丘。[16]

晉江陳氏家族也是宋卡另一閩南大家，其先祖陳光培曾在十九世紀受封爵位。[17]

相對於登流眉和赤土國，北鄰赤土國的古國狼牙修，也就是現在泰國的北大年（Pattani），與後來台灣的開發有更密切的關係。它立國於二世紀左右，也是在南北朝時就與中國往來。領土一度延伸到馬來半島的西岸，即今馬來西亞的吉打州。宋朝時稱之為凌牙斯或凌牙斯加，[18]元朝稱龍牙犀角，[19]明朝稱大泥。[20]

宋朝神宗元豐五年（公元一〇八三年）狼牙修曾遣使進貢，後從泉州乘船歸國。此種朝貢關係一直維持

多年。明成祖永樂六年（公元一四○八年）大泥國王甚至親率妻、子前往中國，不久死於南京，葬於安德門外。[21]

十六世紀初期葡萄牙人東來後，華人南下到此者日眾，「流寓甚多，趾相踵也」。嘉靖末年聚居在大泥港的已達二千多人，「行劫海中，商舶苦之」。到明朝萬曆年間有張姓漳州人被封為「哪嘟」（僑領或頭人之意）。[22]

在這些南下華人中，最著名的莫過於出身閩南旁系的潮州人林道乾。

潮人林道乾兄妹

林道乾出生於廣東潮州府惠來縣海濱之地，長大後下海亡命，成為一方勢力。嘉靖四十二年（公元一五六三年），明將俞大猷奉命追繳，他率眾逃入台灣北港。明朝水師不敢冒進，留兵駐守澎湖。林道乾見留在台灣沒有出路，先是南下逃往占城，後轉回潮州。神宗萬曆元年（公元一五七三年），明師再度進剿，又再次逃到台灣，在雞籠（基隆）固守一年後南下，率眾過暹羅灣，抵大泥定居。

據傳說，林道乾抵大泥後，大泥女王將女兒許配給他為妻。但他遠在廣東的母親因為思念兒子，曾叫他妹妹林姑娘前往探視，勸他回國。但林道乾無意回去，林姑娘勸說無效，遂投環自盡於一棵大芒果樹上。死後，當地華人在樹下為她建了一所廟宇，後移至現在的市區內，在清文宗咸豐二年（公元一八五二年）落成，題名「靈慈聖宮」。二百多年來香火鼎盛，每年在她生日時，由信眾抬著她的神轎出遊，配以潮州大鼓，過炭火，涉大泥港水路，家家戶戶設案焚香迎駕，陣勢有如媽祖出巡。[23]

林道乾之後，又有李錦、潘秀和郭震等漳州籍商人在大泥為東來的荷蘭人牽線，帶著他們到澎湖尋求與中國貿易的機會，結果打開了台灣與世界接觸的大門，也引出了荷蘭人占領澎湖、台灣的一段歷史糾葛。[24]

◆林道乾據稱善於鑄造大砲,他逃抵大泥(北大年)後,為女王鑄造大砲,在一次試砲時被炸身亡。現在北大年的加錫地區(距北大年府七公里,為女王劃歸其部屬生活之處),留有林道乾的鑄砲場遺跡。泰國國防部前廣場現在還陳列著林道乾所鑄的雌雄砲(據http://www.taihuabbs.com/simple/?t17133.html)。圖為泰國國防部前陳設的各式西式古砲(圖片取材自維基百科,Sodacan提供)。

在馬來半島東西兩岸

從馬來半島北半部暹南三邦所在的狹長地帶向南延伸,就進入了半島南段的寬廣地帶。散布在這塊地面的有吉蘭丹、登牙儂(丁加奴)、蓬豐(彭亨)、滿剌加和吉打等城邦。像登流眉、赤土和狼牙修一樣,它們也一度成為三佛齊的屬國,現為馬來西亞領土。從近年打撈出來的沉船可以發現,宋朝以後,中國帆船也是經常到訪半島東西兩岸的常客。

緊鄰狼牙修的吉蘭丹(Kelantan),中國古稱丹丹國,或許是同樣篤信佛教的關係,在六世紀南北朝時期,就相互有了來往。梁武帝時期(公元五三〇年)曾遣使進貢象牙雕像和牙塔各二座。[25]

到宋朝時改以吉蘭丹稱呼,當時為三佛齊的屬國。[26] 明朝《鄭和航海

圖》具體繪出了吉蘭丹港和鄰近的孫姑那（宋卡）與丁加下路（丁加奴）的位置。大致成書於十六世紀末期流傳於中國民間航海家手中的《順風相送》一書，在〈浯嶼往大泥、吉蘭丹〉一條中，也清楚指出了由漳州浯嶼通往吉蘭丹的航路羅盤方位。浯嶼為漳州門戶，證明至遲到明朝中後期，由漳州出發的商船已經常到吉蘭丹一帶。當地的物產有沉速（沉香之一種）、降真香、錫、黃臘和檳榔等。[27]

由吉蘭丹沿海岸南下，即進入丁加奴（Terengganu）地界。丁加奴在宋朝時稱為登牙儂，[28] 元朝時稱丁家盧，[29] 鄭和航海圖上則稱為丁加下路。在其外海的一些島嶼，中國古籍記載很多，與台灣北部的基隆古稱同名的雞籠島就是其中之一。

此地物產與吉蘭丹類似，近年潛水者在其近海航道上曾發現許多宋、元瓷器。公元一九九六年在丁加奴外海發現了一艘中國沉船，其年代為明朝開國初期（公元一四○○年）。[30] 裝載的貨物，部分為浙江龍泉的青瓷，部分為泰國素可泰王朝境內開始生產的中國式青瓷盤罐等，印證了到這個時期，中國商人已經開始從事海外轉口貿易。

可能從明朝後期起，丁加奴開始有華人移居，開頭居住在丁加奴河的出海口附近，稱為唐人坡，後來擴散到中游地區，種植甘蔗、胡椒等，並有福建人的聚落。據一七一九年到達此地的英國船長漢米爾頓（Captain Alexander Hamilton）的描述，當時的唐人坡住有約五百家華人，主要為福建人。現在這裡還留存不少作為觀光景點的唐人老房子。[31]

在福建人聚落之旁有三保公廟。傳說明代航海家鄭和奉明成祖朱棣之命，為了尋找廢帝建文皇帝朱允炆，曾經率船隊從丁加奴河沿江而上，進入後來為當地閩人稱為三保江（Sanpokang）的支流尼魯河（Sungai Nerus），在上游的瀑布處汲取淡水，明朝官兵發現附近地勢平坦，認為適宜耕種。因此，據稱數十年後開始有華人移居該處務農，並在三保河口建造了大都鎮

（Bukit Datu），在明朝官兵上岸處建造了三保廟，向鄭和這位偉大的航海家致敬。現在這所廟宇還屹立當地。[32]

由丁加奴向南，接壤的是蓬豐（Pahang），這個國家在宋朝時以降真香馳名中國。[33] 元朝後稱為彭坑，[34] 明朝時也稱彭坊[35]或彭亨，[36]後者一直沿用至今。成書於明武宗正德十五年（公元一五二〇年）的《西洋朝貢典錄》，將其列為南海諸國中向中國朝貢的第八大國。

《順風相送》一書也列有〈太武到彭坊針路〉和〈回路〉專條，說明從太武往來彭亨的羅盤航路。太武也是當時泉州管轄的金門的稱呼，因此和吉蘭丹一樣，泉州出發的船隻，也有不少往來彭亨的。

與大泥成為林道乾海上武裝勢力的基地一樣，葡萄牙人東來以後，這裡也變成了想與葡人貿易的中國私商的重要基地。嘉靖二十六年（公元一五四七年），海商林剪自彭亨率船七十餘艘與舟山群島的許氏兄弟海商集團會合，報復浙江餘姚謝氏家族賴帳和勒索貨值，將謝家洗劫一空，導致浙江巡撫朱紈掃蕩舟山。在舟山走私並與中國民間貿易的葡萄牙人因此無法在浙江海面立足，轉向珠江口發展，並在後來占有澳門。[37]

從彭亨往南，繞過半島南端，再轉向北航，即進入滿剌加國的地界。滿剌加也就是現在的麻六甲所在地，是到公元一三九六年（明太祖洪武二十九年）才出現的國家，很快就成為中國船隻的造訪國。

鄭和下西洋，多次在這個國家停留，這時的滿剌加因阿拉伯商人的到來，已成為一個伊斯蘭國家。[38] 鄭和本人也是穆斯林，以此地作為向印度洋和阿拉伯國家進發的外府，立排柵牆垣，設四個更鼓樓，內建重城，蓋造完備的庫藏。下西洋的船隊中，所有前往占城、爪哇和暹羅的船隻均到此會合，一應錢糧財寶均在此入庫，然後各船再出發到印度洋阿拉伯各國訪問。回程，又集中停泊此地，待到農曆五月中西南信風到來，再將封倉貨物裝船，結鯨運回國內。明朝水師當時的實力可見一斑。[39]

在麻六甲當地有一座三寶山，[40]山邊也有一座寶山亭，都是紀念鄭和而得名。明成祖永樂四年（公元一四〇六年）鄭和駐紮滿刺加時，經常在山上散步。

當地華人傳說，為了維持與滿刺加的友好關係，明朝永樂皇帝將漢麗寶公主許配給當地國王滿速沙，帶了五百名侍女前往，滿速沙將三寶山賜給了這五百名侍女，所以三寶山也叫中國山。侍女們後來都成為「和番」使者，全部嫁給了當地人，死後便葬在這座山上。這座山後來逐漸成為華人的墓地，至今仍遺存許多明代以來的墓葬。當然，五百侍女隨公主落戶當地的故事，也只是一個美麗的傳說而已。

明成祖永樂九年（公元一四一一年），滿刺加王為了結交中國，防止暹羅進犯，率妻子和陪臣五百四十多人抵達廣州上岸，向中國皇帝進貢。一行由驛站抵京城南京，海陸兼進，可謂長途跋涉。成祖親宴於奉天門，待北風

◆麻六甲當地華人為紀念偉大的航海家鄭和而建蓋的「寶山亭」。因鄭和為回民，且馬來西亞人多信奉伊斯蘭，故不以中國傳統的廟宇命名並置放神像祀奉紀念，而以近旁鄭和曾經散步的三寶山取名「寶山亭」。

第三章　崛起在南海航線上

季節到來辭歸時，再度餞別於奉天門。這是明朝外交史上的一大盛事。[41]

由滿剌加向北進發，在今馬來西亞的西北疆，為吉打地面。這裡是早期印度教和佛教東進的第一站，也是中國船隻向印度洋出航的主要轉口基地。唐朝高僧義淨法師曾來到此地，他在《大唐西域求法高僧傳》卷二中提到的「羯荼（音「結突」）」一地，即指吉打而言。在吉打布秧河河谷（Bujang Valley）曾發現大量宋元青瓷的殘片，印證了華人船隻很早就到了此地。

七世紀以後的數百年間，吉打曾是馬來半島東岸的狼牙修王國的政治中心，透過陸地河流的聯繫，將半島東西兩岸的貿易貫通起來。

到明朝以後，由於鄭和將滿剌加建設成為向印度洋進發的基地，吉打的地位為其取代，從此中國船隻前往印度洋各國都取道滿剌加，吉打的重要性一落千丈。

從三佛齊、爪哇到渤泥、蘇祿和麻逸諸邦

公元第七世紀將要結束的時候，在今印尼蘇門答臘島上出現了一個稱為室利佛逝的大乘佛教國家，建都巴林邦（或稱舊港），[42] 中國歷代稱之為三佛齊國。它的勢力很快擴充到了馬來半島，領有半島上各城邦，甚至連錫蘭都曾為其統屬，到十三世紀才告衰微。在這數百年當中，它與中國建立了頻繁的貿易關係。

三佛齊地處麻六甲海峽要衝，「扼諸番舟車往來之咽喉」，宋朝時為中東阿拉伯商販的匯聚之地。他們除各種焚香的香料外，也販售珍珠、薔薇水、象牙、珊瑚樹、貓兒睛寶石、琥珀和阿拉伯劍等珍貴物品。[43]

中國船隻也很早到此貿易，一九七〇年代的考古挖掘，發現了大量第八世紀到十四世紀的中國瓷器殘片。

中國帆船南下，自馬來半島尖端的龍牙門前去，五晝夜可抵三佛齊。

[44]國都舊港成為華人最早在該國的聚集地。唐朝高僧義淨法師在高宗咸亨二年（公元六七一年）從廣州搭船前往印度，二十天後來到了這裡，見到了三十五艘來自波斯的船隻。十年後返國途中，義淨又在室利佛逝停留了六年。

明朝開國初期，「有梁道明者，廣州南海縣人，久居其國。閩、粵軍民泛海從之者數千家，明為首，雄視一方。」[45]成祖永樂三年（公元一四〇五年）他曾派兒子回國進貢。

梁道明過世後，部屬陳祖義搶掠海上。永樂五年，鄭和自滿剌加返航，停留舊港，招降陳祖義，但陳祖義詐降圖謀劫持的陰謀為其得悉，鄭和將計就計，一舉擒拿，隨後押回南京斬首。[46]

這從一個側面證明了，這一時期，很多漳州、泉州商民，已經不顧明朝開國以後頒布的航海禁令，移居蘇門答臘島發展。明宣宗宣德九年（公元一四三四年）成書的《西洋番國志》在〈舊港國〉一條中也提到，「舊港國即三佛齊國也，⋯⋯國多廣東、福建漳、泉人士」。這更證明了至晚在一五一一年葡萄牙人占領滿剌加之前將近一個世紀左右，漳、泉兩股勢力，已大舉南下，在此地拓展。[47]

十七世紀荷蘭人開展了印尼貿易後，鄭芝龍、鄭成功父子所屬商船也經常到此交易，這類活動一直延續到鄭氏後人投降清人為止。

一個曾經存在了六百多年的佛教貿易王國

從公元七世紀末期到十四世紀中期出現在印尼蘇門答臘島上的佛教國家三佛齊，因為它居於印度洋與南中國海之間的有利地理位置，長期依賴貿易立國，為打通中國與印度、阿拉伯世界的交往發揮了重要的推動作用。

立國之後不久，三佛齊歷代國王即開始不停遣使中國通好。這種示

好政策得到了積極的回應，直接促成了不少唐朝僧人由此往印度取經或在此研習佛經。高僧義淨就是在這裡完成著名的《南海寄歸內法傳》四卷和《大唐西域求法高僧傳》二卷的。

宋朝大力發展海外貿易，也多少與三佛齊的友好政策有關。因其控制了馬來半島上的登流眉、赤土等各邦，以及大量中國僧人的落腳地三佛齊，使中國人對南海各地的地理知識有了飛躍的發展，中國船舶前往三佛齊及其屬邦，與東來的印度、阿拉伯商人交易，已不被視為畏途，從而帶動了歐洲人東來亞洲之前，人類史上最大規模的遠洋交流。可以說，沒有先人積累起來的航海知識，明朝初期的鄭和七下西洋是根本無法完成的。

三佛齊勢力在十一世紀初期達到了顛峰。公元一〇〇六年它擊敗了鄰近的爪哇國，將其首都夷為平地。但是，一〇一七、一〇二五和一〇六八年印度南部注輦王國（Chola）的軍隊三度入侵其在馬來半島的屬邦吉打，助使吉打獨立。接著登流眉、狼牙修也陸續擺脫其控制，三佛齊的國力一蹶不振，登流眉取代了它在馬來半島的共主地位。東爪哇更趁機坐大，在十三世紀末將其勢力完全趕出爪哇島。

東爪哇的崛起引起了新統治中國的元朝皇帝忽必烈的注意，派使臣前去該國，令其向中國進貢。東爪哇王不從，將元朝使者鼻子削掉後遣返。忽必烈大怒，在一二九三年從泉州發兵兩萬征討，於損兵折將三千後，無功而返。

在此期間，三佛齊繼續走向衰亡，大約在十四世紀中期，為爪哇納為屬國，其國都舊港淪為中國海盜出沒的場所。又因明朝開國以後厲行海禁，廣東、漳、泉等依賴海外貿易為生的大批百姓生計斷絕，被迫鋌而走險，紛紛南下定居，舊港正好為他們提供了新的出路，一時群聚了數以千計亦盜亦商之徒。這種局面繼續延伸到十六世紀葡萄牙人進入亞洲以後，是為漳、泉居民大量南移的先聲。

與三佛齊相鄰的爪哇島，古名闍婆，唐代時稱訶陵，在十三世紀後期伊斯蘭勢力開始擴散以前，也是佛教和印度教的傳播地區，與中國交往相當密切，時常朝貢。島上物產豐富，產有紅糖和白糖。因這裡盛產胡椒，中國商人用銅錢交易，獲利成倍，朝廷常常禁止興販。[48]

　　明朝年間，從金門出發，有直航該島的航路。[49] 島上分西、中、東三國，以東爪哇最強，在宋朝時曾短暫統一了全島。為了爭奪貿易利益，與三佛齊時相互攻伐。元朝初期，東爪哇新哈薩利王朝（Singhasari）勢力強大，元世祖忽必烈要求其進貢未果，派兵爭剿，國王諫義里（Kertanagar）的女婿土罕必闍耶（Kertarajasa）先是幫助元軍擊敗了諫義里王，旋又轉而反叛元軍。蒙古軍大敗而歸。

　　一個上升中的爪哇王國在南海上興起。土罕必闍耶統一了全島和東鄰的巴厘島，建都滿者伯夷（Majapahit，在今泗水附近）。到十四世紀中期諫義里王的曾孫烏魯克（Hayam Wuruk）統治的時期，取代了三佛齊成為蘇門答臘的統治者，國力一度擴張到渤泥（今文萊）一帶。明朝建朝後，與中國維持了良好的朝貢貿易關係。

　　但是，爪哇王國的強盛時期只維持不到兩百年，因為新興的滿剌加國更受到明朝皇帝的重視，加上爪哇的港口一帶為伊斯蘭勢力控制，王國的經濟優勢消失，終於在十五世紀末期瓦解消亡。不過，到十七世紀初期荷蘭人立足島上抗衡占領滿剌加的葡萄牙人後，爪哇又恢復了它過去的重要貿易地位，並成為荷蘭占領台灣的前進基地。

　　鄭和下西洋時曾抵達該島，當時島上有不少廣東人和福建泉州人、漳州人下海者避居此處。中國銅錢成為本地通貨。[50]

　　在爪哇以北有個渤泥國，或稱勃泥或浡泥，即現在的婆羅洲（加里曼丹島）西北面的文萊國和馬來西亞的沙撈越及沙巴州一帶，與泉州海路直通。[51]

　　渤泥國在宋朝時與中國已經有了很頻繁的貿易關係，[52] 多次遣使進貢。

元初自泉州進軍爪哇時，船隻曾由此經過，兵敗回程中不少包括泉州籍在內的軍士流落當地，與當地人結婚定居了下來。

明朝年間，與中國關係更形密切，成祖永樂六年（公元一四〇八年），渤泥王親率其妻、子和家屬訪問中國，在鄭和船隊第二次出航返回時同行，船隻停泊福州港，明成祖朱棣遣內臣迎接到京城南京，不幸在同年病逝，葬於南京城南石子岡。[53]

蘇祿國之名首見於元朝，其地在今菲律賓西南方與婆羅洲之間的蘇祿群島處。元武宗至大元年（公元一三〇八年）曾遣使往訪。[54] 該處盛產珍珠，「色青白而圓，其價甚昂，中國人首飾用之，其色不退，號為絕品，有徑寸者。」[55] 明朝年間國分為三，以東王最尊，西王和峒王為副。永樂十五年（公元一四一七年）各率妻、子和部屬共三百四十餘人隨鄭和船隊到中國，

◆早在宋朝，北婆羅洲（加里曼丹島）的渤泥國（文萊）即為中國船隻造訪之地，元代以後到此定居的華人人數漸眾，其轄地遠及今馬來西亞沙巴和沙撈越兩州地域。圖為從沙巴首府亞庇遠眺南海風光。

前往朝拜已經遷都北京的永樂皇帝。其中東王巴都葛叭嗒喇，回程途經山東德州時病逝，厚葬於當地。[56]

曾在宋朝典籍上出現的麻逸國，位於蘇祿群島北方的民多洛島（Mindoro），呂宋島上的重要港市也屬其管轄。這裡背靠菲律賓群島，北鄰呂宋島，從宋朝太宗太平興國七年（公元九八二年）起就「載寶貨至廣州海岸」，但此時的社會結構與漢人到達以前的台灣一樣，仍處於較原始的狀態，居民群聚而居，由酋長統治。[57]

漳、泉商人可能早在宋朝時期就已到此貿易。[58] 通常中國商舶裝載瓷器、鐵鼎、鐵針、烏鉛、五色琉璃珠等貨物南下，到此之後，當地土人即紛紛將貨自行搬去，轉入其他島嶼貿易，八、九個月後才返回，以其所得黃蠟、吉貝（即木棉，其果實的茸絮用來織布）、珍珠、玳瑁、藥檳榔、花布等土產償還。要等到交易完畢，中國商舶才會回國。[59]

到十六世紀後期西班牙人占領菲律賓後，這種原始交易方式才告結束，繼起的是白銀交易時代的到來。

● 註釋

1. 明朝的張燮在其著名的《東西洋考》中將南海海域劃分為東西洋。以菲律賓至婆羅洲（古稱渤泥）一線作為「東洋」的起線以及「西洋」的盡處，也就是說，由此以西屬於西洋的領域，以東屬於東洋的範疇。
2. 《水經注》卷三十六。
3. 原為印度西北的古地名，即「獅子城」之意。後起的新加坡也曾採用相同的名稱，因此新加坡也稱「獅子城」。
4. （宋）趙汝適，《諸蕃志》卷上，〈占城〉條。
5. 《島夷誌略》，〈占城國〉條。
6. 為沉香樹含有樹脂的木材部分，其香味濃馨，可製香油或香料，也可入藥，因積年存放後其樹幹雖朽爛，樹心猶在，放置水中則沉，故稱沉香。上海豫園沉香閣供奉的佛像，即為沉香木雕製而成，據稱是赤土國（今泰國宋卡）贈送隋煬帝的禮物。
7. 見《諸蕃志》上和（明）馬歡，《瀛涯勝覽》，〈占城國〉條。
8. 一種芳香樹脂。
9. 《諸蕃志》上，〈占城〉條。
10. 《宋史》卷四百八十九，〈外國五・三佛齊〉條。簟席為一種冬暖夏涼的白藤席或椰子葉席。
11. （宋）周去非，《嶺外代答》卷七，〈沉水香〉條。
12. 陳國棟，〈宋、元史籍中的丹流眉與單馬令——以出口沉香到中國聞名的一個馬來半島城邦〉，湯熙勇主編，《中國海洋發展史論文集》第七輯，中央研究院中山人文社會科學研究所專書（四十五），一九九九年，第二十六頁。
13. 《隋書》，〈赤土傳〉。
14. 吳翊麟，《暹南別錄》，台灣商務印書館，一九八五年，第二頁。
15. 《島夷誌略》，〈東沖古剌〉條。
16. 《暹南別錄》，第三十二～七十四頁。
17. 同上，第一九二頁。
18. 《諸蕃志》。
19. 《島夷誌略》，〈龍牙犀角〉條。
20. 據《明實錄》。
21. 《東西洋考》，〈大泥〉條。
22. 同上。
22. 《暹南別錄》，第二〇三～二〇九頁。

24 見湯錦台,《開啟台灣第一人鄭芝龍》,果實出版社,二〇〇二年,第八十五～八十七頁。

25 《梁書》,卷五十四,列傳第四十八,〈諸夷〉條。

26 《諸蕃志》,〈三佛齊國〉條。

27 《島夷誌略》,〈吉蘭丹〉條。降真香為一種中藥,可治冠心病,據《諸蕃志》稱,可用於避邪氣,泉州人過年,家無貧富,都要像燒柴一樣點火焚燒。檳榔在很早以前就輸入中國,《諸蕃志》稱,泉州、廣州每年從商舶興販的檳榔,可征得數萬緡的稅款。可能成書於四世紀初期的中國最早的植物學著作《南方草木狀》就指出:「以扶留藤、古賁灰併食,則滑美下氣消穀」,足見今人的檳榔食法與古法似乎並無巨大差異。

28 《諸蕃志》上,〈三佛齊國〉條。

29 《島夷誌略》,〈丁家盧〉條。

30 參看 http://www.maritimeasia.ws/exhib01/pages/p014.html 網址。

31 參看 British Sea-Captain Alexander Hamilton's a New Account of the East Indies, 17th-18th Century (《漢米爾頓船長對十七至十八世紀東印度群島的全新記事》),愛丁堡 C. Hitch and A. Millar 印行,一七四四年出版,第二卷,第一五三頁。

32 參看 http://terengganu.s5.com/relicsampo.html 網址。

33 《諸蕃志》下,〈降真香〉條。

34 《島夷誌略》,〈丁家盧〉條。

35 《順風相送》。

36 《西洋朝貢典錄》。

37 《開啟台灣第一人鄭芝龍》,第十六～十七頁。

38 這時也是伊斯蘭勢力開始進入馬來半島的時期,以滿剌加為基地擴散,逐漸成為馬來西亞的宗教主流。

39 《西洋番國志》,〈滿剌加〉條。

40 在東南亞各處,華人紀念鄭和,稱之為「三保公」或類似的尊稱。但是也有稱為「三寶公」,「保」與「寶」無固定寫法。故在丁加奴稱他為「三保公」,在麻六甲則稱為「三寶公」,相關的山,則稱為「三寶山」。

41 (明)嚴從簡,《殊域周咨錄》,〈滿剌加〉條。

42 十四世紀中期室利佛逝為爪哇所破後,中國人改稱巴林邦為舊港,現稱巨港。

43 《諸番志》,〈三佛齊〉條。

44 龍牙門即現在的新加坡。見《島夷誌略》,〈三佛齊〉條。

45 《明史》卷三百二十四,〈列傳第二百十二 外國五〉。

46 同上。

47 前此,本書作者曾認為明朝年間,漳、泉人馬大舉南下,是受了十六世紀初期葡萄牙人和西班牙人進入南洋地區貿易的影響,尤其是明穆宗隆慶元年(公元一五六七年)開放漳州月港的結果。同時認為因為月港開放的緣故,漳州人率先與歐洲人接觸貿易,而在宋、元時期曾經風光一時的泉州人反比漳州人放慢了海外發展的腳步。事實證明並非完全如此,至少在明朝初期,泉州人的海外發展並未因開國後的海禁完全停頓,漳州人也後來居上,迎頭趕上了這股外移的潮流。另見注五十八條《諸番志》有關泉、漳人士在西班牙人抵達菲律賓之前即已活躍於菲律賓諸島的說明。

48 《諸番志》,〈闍婆國〉條。

49 《順風相送》,〈福建往爪哇針路〉條。

50 《西洋番國志》,〈爪哇國〉條。

51 《順風相送》,〈泉州往勃泥即文萊〉條。

52 二〇〇三年四月在沙巴北端交叉角(Tanjung Simpang)的海底發現宋朝沉船一艘。

53 《西洋朝貢典錄》,〈浡泥國〉條。

54 《元史》,〈武宗紀〉。

55 《島夷志略》,〈蘇祿〉條。

56 《明實錄》。

57 《宋史》卷四八九。

58 據元朝的《島夷誌略》稱,麻逸所屬島嶼的男子曾附舶到泉州經紀,因當時的泉州以紋身技術聞名,這些人即「罄其資囊,以文(紋)其身。既歸其國,則國人以尊長之禮待之,延之上坐,雖父老亦不得與爭焉」。由此推斷,泉州商人也應早已駕舟南下菲律賓群島。又西班牙人在抵達菲律賓初期即與講閩南話的中國商人遭逢,待其立足馬尼拉以後,漳州商民即不斷移居該處。故推斷在歐洲人東來之前,漳、泉商人應早已頻繁前往各島經商。

59 《諸番志》,〈麻逸國〉條。

4

第四章
北印度洋的帆影

大概在四千多年前中國的夏朝時期，印度半島西北部的印度河谷出現了稱為哈拉帕（Harappa，在今天的巴基斯坦境內）的第一個遠古文明社會。這個代表了印度河文明的原始社會，不僅創造了人類早期的棉紡與毛紡手工業，也與西亞兩河流域的另一個早期文明社會有了貿易上的來往。

　　從考古發掘出來的文物可以發現，哈拉帕時期，經由波斯與阿富汗的管道所開展出來的印度河流域與阿拉伯世界之間的商業貿易，已經相當繁複，交易商品包括了穀物、半寶石、象牙成品、珍珠和珍貴木材等等，也有來自西藏的玉器。當時甚至已經發展出相當均一的度量衡和以十六為倍數的乘法計算。[1]

　　公元前三二〇年（東周末期），孔雀王朝成為第一個在印度出現的王朝。到阿育王（Asoka，無憂愁的意思）時期，國力空前膨脹，領土幾乎涵蓋了整個印度半島。在他的大力推動下，佛教得到發揚光大，影響力開始超出了南亞次大陸的範疇，在西漢末年進入了中國。

　　三國年間，因漢朝勢力西擴而被迫西遷的大月支人建立的貴霜王朝（Kushan）時期，中國人已經知道從印度洋孟加拉灣「循海大灣中，正西北，入歷灣邊數國，可一年餘到天竺江口（即恆河河口）」，也知道印度「西與大秦（羅馬帝國）和安息（今伊朗）交市海中」。[2]

　　東晉時期（五世紀初期），離阿育王的時代已經將近七百年，中國的著名僧人法顯來到了印度，此時的印度屬笈多王朝（Gupta Dynasty）時期，但他在記述天竺之旅的《佛國記》中，對阿育王的事蹟著墨尤多，慨嘆王城巴連弗邑（Pataliputra，今印度東北部恆河邊的Patna）的宮殿鬼斧神工，「皆神鬼作累石牆闕，彫文刻鏤非世所造」。

　　法顯後來到了恆河的出海口，在這裡有專門載運商販遠航的大船，他就是搭乘這種船隻南下，經十四天的航行，到達獅子國的（即今天的斯里蘭卡，舊稱錫蘭）。在那裡他見到了一個國際商人來往的國度，有「諸國商人

共市易」。從《佛國記》的記載可以得知，此時的獅子國已經成為一個重要的國際貿易大國。

當時也是婆羅門教和佛教東傳南海諸國和中國的重要時期。在法顯到過印度之前，獅子國曾遣使向東晉皇帝獻玉佛像，放在佛寺中。在南朝的齊東昏侯統治時（公元四九九至五〇〇年），因玉像被毀，將其前臂和身軀部分截取下來，為寵妃潘貴妃作了釵釧。[3]

為了弘揚婆羅門教和佛教，常有婆羅門與和尚、尼姑隨商船到南海諸國和中國傳教。法顯結束了獅子國之行後，就是搭乘一艘可搭載兩百多人的大商船回國的。《佛國記》中記載，與他同行的有許多商販和一些婆羅門、和尚與尼姑。從法顯的記載推斷，他回國搭乘的商船，可能是印度所造的船隻，說明了五世紀的東晉時期，來自南亞次大陸的船隻不僅已經經常造訪南海一帶，也開始訪問中國港口，帶來宗教和商業的交流，而且兩百多人的載

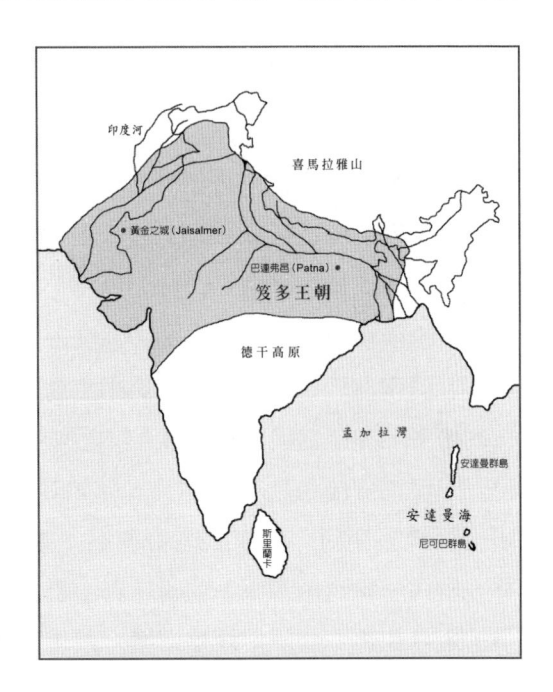

◆東晉高僧法顯訪問時期的印度。

客量，在當時已是相當驚人，船隻之大，遠遠超過了一千年後哥倫布遠航美洲的帆船。

這種遠洋大船的到訪，顯然對開啟後來中國發展面向南海和印度洋的遠洋航運活動，發揮了很大的推動作用。

雖然早在漢武帝時代，中國已有使臣到錫蘭，但大規模的商業活動並未同時展開。公元六世紀即中國的南北朝以後，從中南半島的真臘到蘇門答臘的三佛齊，婆羅門教和佛教兩股同源宗教，有如今天的天主教與基督教一樣，交互影響，其勢力更是如日中天。[4] 只有到這個時期，已深受婆羅門教和佛教勢力籠罩的蘇門答臘和馬來半島各邦為中轉基地的中國至印度洋航線，才真正開始蓬勃發展起來。

西出安達曼海

從馬來半島往西，即進入北印度洋的海域。由此前往印度次大陸，有南北兩條航線可循。

北方的航線是從吉打或沿蘇門答臘島北部海岸線往西北方向，穿越安達曼海（Sea of Andaman），以恆河河口的耽摩栗底（Tamralipiti，即今塔姆魯克，Tamluk）為其終點。[5]

安達曼海介於安達曼群島（Andaman Islands）和尼可巴群島（Nicobar Islands）南北兩個弧形島群與馬來半島之間。從吉打或三佛齊出發前往北印度的船隻，多穿越這一島弧再直航恆河河口。

宋代稱安達曼為曼陀蠻國，僅知其為食人島。[6] 尼可巴在唐朝時稱倮人國，高僧義淨到印度求法，曾經過此處。他說，島上長滿了椰子樹、檳榔林，居民一見商船到來，就紛紛駕小艇，拿椰子、芭蕉、籐竹器前去交易，男人全身裸露，女子用片葉遮體。如果不與他們交易，即放毒箭，中箭者不

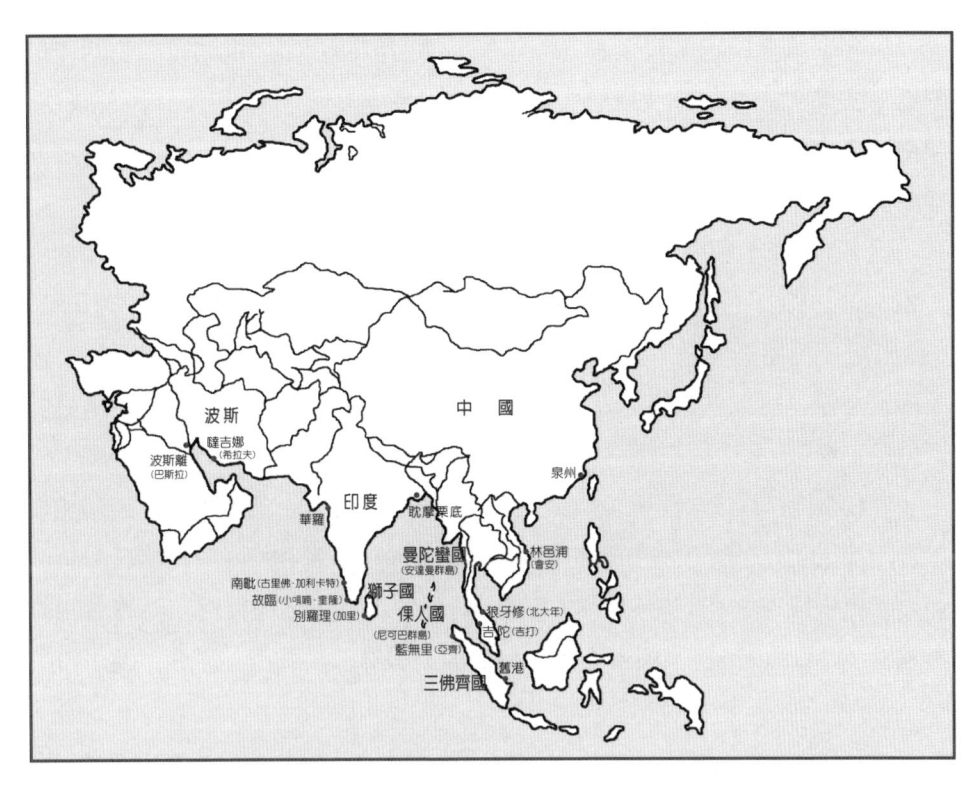

◆十五世紀以前泉州船隻遠航南海、印度洋、波斯和阿拉伯半島停靠口岸圖。

能復生。由此往西北方向，約半個月就可抵達耽摩栗底。[7]

　　早在東晉時期，耽摩栗底就已經是印度北方面向南海諸國的一個重要海口。法顯在《佛國記》中曾提到他從這裡搭乘商人大船南下獅子國。唐太宗貞觀十九年（公元六四五年），高僧玄奘在印度結束取經準備回國，伽摩縷波國（Kamrup，今印度東北部阿薩姆邦）國王婆塞羯羅伐摩（Bhashkar Varman）曾建議他由耽摩栗底搭船回國。[8] 玄奘後來雖然仍取道陸路歸國，但是他對這個小國曾有這樣的描述：「濱海隅水陸交會，奇珍異寶多聚此國，故其國人大抵殷富。」[9]

唐高宗咸亨二年（公元六七一年），高僧義淨到印度求法，二十四年後歸國。去時，由廣州乘波斯船，經三佛齊、羯荼（今吉打）[10]西行，在耽摩栗底（義淨稱之為耽摩立底）登岸，並在此停留學習佛法一年。回程時，同樣由此登船，再經羯荼、三佛齊返國。[11]

隨著北印度與中國海洋聯繫的發展，漸漸地在印度半島東北方的孟加拉（Bengal）又出現了新的口岸。宋代《諸番志》中出現了鵬茄囉國的稱呼，[12]指出這裡可能是佛教發源地，玄奘曾經到此取經。[13]元朝時稱為朋加刺，「國富俗厚，可以軼舊港而邁闍婆」，與中國商人交易南北絲、五色絹緞、青白花瓷等。[14]

鄭和下西洋以後，滿刺加取代了吉打，中國船隊北上的船隻改由滿刺加取道蘇門答臘北海岸航行。鵬茄囉國或朋加刺此時已被鄭和船隊改稱榜葛刺國。

來自中國或南海的船隻，如欲進入榜葛刺，首先須在恆河入海處右側的淅地港（Chittagong，又稱吉大港，今孟加拉國第二大城市）停泊，換小船順

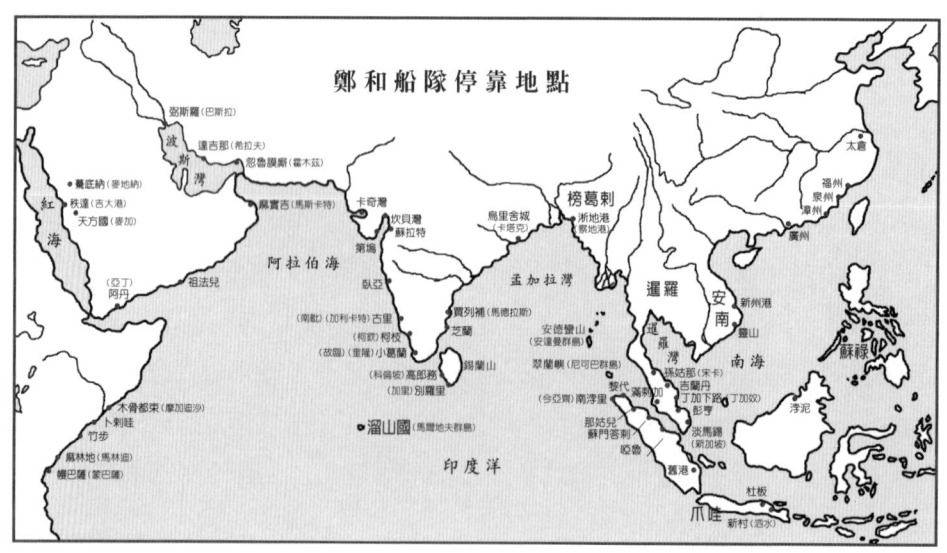

◆鄭和船隊停靠地點。

著河流，上行約兩百公里到鎖納兒港（Sonargaon，今孟加拉國首都達卡東南約三十公里處），在此有街市，可進行交易。再由水路和陸路向西北行三百公里，可達榜葛剌當時的國都板都哇。[15]

　　明成祖永樂三年和六年（公元一四〇五年和一四〇八年），榜葛剌兩度遣使入貢中國。十二年（公元一四一四年）又進貢麒麟（長頸鹿）。十三年（公元一四一五年），成祖派太監侯顯出使該國，國王知中國船隻到來，派遣上千人馬在浙地港相迎，一路相送到鎖納兒港，再差人以大象和馬匹護送到都城板都哇。在王城左右設明甲馬隊千餘，外列巨漢，明盔明甲執鋒刃弓矢，丹墀左右設孔雀翎傘蓋百數，又置象隊百數於殿前，國王本人在鋪了絨毯的大殿親自接待。對一國的使臣安排如此盛大的歡迎場面，在中外歷史上實屬罕見。[16]

過蘇門答臘

　　除了北方的航線外，還有一條更重要的沿著蘇門答臘島北部海岸航行到獅子國（斯里蘭卡）的南方航線。

　　蘇門答臘島北岸，很早以前就已是從南海通往南印度和阿拉伯諸國及非洲東海岸的重要過境處所。這條航線是從馬來半島西岸的吉打前往印度之外的另一選擇，而且在整個中國-南海-印度航海史上，始終占有重要地位。

　　從中國前往印度的船隻，在三佛齊的舊港或在臨近蘇門答臘的滿剌加休息過後，沿著蘇門答臘島北岸狹長的麻六甲海峽航行，沿途有一些貿易港口。當七世紀至十三世紀，三佛齊國力強盛的時候，為了保護貿易利益，除特殊許可外，這些港口一般並不對外國船舶開放。

　　三佛齊式微後，啞魯國、蘇門荅剌國、南淳里國等小邦自立為國，成為船舶西航印度的重要停靠站。

◆以十四世紀摩洛哥的偉大旅行家伊本・巴圖塔為名的杜拜商場內陳列的鄭和寶船與哥倫布航行美洲船隻的對比模型（圖片取材自維基百科，Lars Plougmann提供）。

　　啞魯國（今印尼廖內省〔Riau〕境內的阿魯〔Aru〕）隔海峽與馬來半島的滿剌加相對，是在明初滿剌加國興起以後，開始成為西行的第一個停靠港。當地習俗與滿剌加相同，因受伊斯蘭影響，出產大量牛羊乳酪出售。[17]

　　蘇門荅剌國（Sumatera）東邊與啞魯國接壤，元朝開國後，初次提到其國名。[18] 明成祖永樂十三年（公元一四一五年），鄭和船隊到此，助其弭平國內叛亂，因此常向明朝進貢。[19]

　　據鄭和船隊的見聞，這個國家有很多印度和阿拉伯船隻往來，因此有大量印度和阿拉伯貨物買賣。貨物交易使用錫錢，物品重量以十六兩為一斤，與今天台灣的習慣相同。

　　十六世紀初蘇門荅剌滅亡後，東來的歐洲人繼續以其國名稱呼全島，也就是我們今天熟知的蘇門答臘。

南浡里國在蘇門答臘島的西端，即二〇〇四年年底幾乎遭到大海嘯完全毀滅的亞齊省（Aceh）所在地，宋朝時稱藍無里，居民稀少，均為土著。其國王曾隨鄭和寶船到中國朝貢。由此往西，即進入直航錫蘭的印度洋海域。[20]

錫蘭古國

　　由於地理位置的關係，很早以來，古獅子國錫蘭就是阿拉伯和印度商人會合交易的的場所。公元五世紀初期，東晉高僧法顯在古王城阿努拉普德（Anuradhapura）停留期間，看到了城裡住有來自薩博的商人，他們居住的「屋宇嚴麗，巷陌平整」。[21]

　　五世紀後期西羅馬帝國滅亡後，波斯薩珊王朝與東羅馬拜占庭帝國的抗爭轉趨激烈，陸上絲綢之路的交通受到嚴重的打擊，海上絲綢之路應運而生。六世紀初期，東羅馬皇帝查士丁尼為了擺脫波斯人的商業壟斷，曾利用住在非洲之角的阿比西尼亞人在印度和獅子國建立貿易據點，以便取得來自中國的絲綢。但是，在波斯人的強力打壓下，這個行動失敗了。波斯人在波斯灣兩側和獅子國建立了一連串的對中國貿易據點，開啟了從印度洋、南海到中國的貿易航路。

　　宋朝年間，泉州出發的船隻已經打通了與印度西南海岸幾個港口的聯繫，錫蘭也成為航路上的必經之地。[22]

　　元世祖時期，至少三度遣使該國，[23]整個元代，中國的使臣也多次訪問印度。除了建立佛教聯繫和宣揚國威外，這些外交活動顯然也含有延續和擴大宋朝以來的遠洋經貿宏圖的含意。

　　同一時期，馬可波羅曾奉元世祖之命從泉州出發前往日本，之後從日本直下占城、爪哇、蘇門答剌，出南浡里國，過安達曼群島，抵達錫蘭、印度西海岸。世祖至元二十九年（公元一二九二年），他又帶領侍從和船員六百

人，搭乘十四艘大船護送元朝公主闊闊真下嫁統治波斯的蒙古可汗。船隊也是從泉州出發，經馬來半島、蘇門答剌、錫蘭、印度西海岸，最後抵達波斯。

在馬可波羅眼中，錫蘭是世界上面積大小最合適的島嶼，島上盛產各種寶石。在這裡的停留期間，他到過了島上相傳有佛祖足跡的聖足山（Sri Pada）。

接續馬可波羅而來的是最偉大的阿拉伯旅行家伊本·巴圖塔。

在馬可波羅之後將近半個世紀，元順帝至正元年（公元一三四一年），摩洛哥人伊本·巴圖塔奉印度蘇丹圖古拉（Muhammad Tughluq）之命，帶著大量禮物和隨從，伴隨元朝的十五名使臣，從都城德里出發，打算從印度西海岸搭乘中國使船，前往中國。中途經歷了盜劫和船難，但是他繼續設法到了廣州和泉州。

途中為了一訪也是伊斯蘭聖山的聖足山，他專程訪問了錫蘭。錫蘭國王對他的中國之行甚感興趣，致贈了一袋珍珠和紅寶石給他，由十二名女奴伴

◆元世祖晚年，馬可波羅奉命從泉州出發，帶領侍從和船員六百人，搭乘十四艘大船護送元朝公主闊闊真下嫁統治波斯的伊兒汗國可汗。圖為身著蒙古人裝束的馬可波羅畫像。

隨，搭乘國王派遣的船隻出發。不幸又遇到船難，最後好不容易在北溜國（元朝時稱呼，明朝時稱溜山國，即二〇〇四年年底幾乎遭到大海嘯完全吞沒的馬爾地夫）搭上了一艘中國船隻，來到了他嚮往的泉州。

這一時期，位於錫蘭島西南的佩里維里斯港（Perivills，在距離錫蘭首都可倫坡〔Columbo〕五十多公里的貝魯維拉市〔Beruwela〕），可能是中國船隻停靠的港口。元順帝至元四年（公元一三三八年），羅馬教皇本尼迪克十二世（Benedict XII）派遣義大利佛羅倫斯城方濟各會會士（Franciscan）馬里諾里（Giovanni de' Marignolli）等出使中國，經陸路穿越戈壁沙漠，在至正元年（公元一三四一年）年底抵達北京，受到元順帝的禮遇。在北京停留三年後，他經由中國南方，在至正七年（公元一三四七年）由泉州出航循海路回國，路上停停走走，在一三五三年才返抵義大利見到教皇。

在返航途中，馬里諾里就是停靠在佩里維斯港，當時這裡是伊斯蘭商人占領的港口，是他們的貿易中心，有很多漂亮的大房子和大商店。[24]

錫蘭島西南端的別羅里（今加里〔Galle〕）則是中國船隻的主要停靠港口。[25] 這裡盛產紅、藍寶石。馬可波羅和伊本·巴圖塔都先後到過。一九一一年在此修路時出土的鄭和石碑，刻有中文、波斯文和塔米爾文（Tamil，印度南方塔米爾邦的文字）三種文字，說明了這裡曾是中國、波斯和印度船隻會合的場所。鄭和第一次出航時，在明成祖永樂四年（公元一四〇六年）到過此地。永樂七年（公元一四〇九年）第三次出航時，再度來到了這裡，帶來事先在南京刻好的這塊石碑，留下了歷史的足跡。如今石碑已被收藏在該國首都國立可倫坡博物館內。[26]

據《明史》記載，就在鄭和這次出訪錫蘭期間，因錫蘭王亞烈苦奈兒想加害於他，鄭和獲知消息後，避開了該國，繼續前往他國。在回程中，錫蘭王誘鄭和前去，發兵五萬，堵其退路。鄭和受制，遂帶領步卒兩千，由間道乘虛拔其王城，生擒亞烈苦奈兒和他的妻、子、官員，帶回中國，獻給明

成祖朱棣。朱棣「憫其無知，併妻、子皆釋，且給以衣食」。後來朱棣另立了錫蘭的新王，並將舊王遣歸。此後直到明英宗天順三年（公元一四五九年），錫蘭多次遣使向明朝皇帝進貢。[27]

在天順三年最後一次進貢時，錫蘭王子世利巴交剌惹（《明史》作昔利巴交剌）到了中國，但其繼承的王位遭到篡奪，無法歸國，最後在泉州定居了下來，並就地娶妻生子，後人以其名字的第一字「世」字為姓，在明、清年間成為當地望族。明萬曆四十二年（公元一六一四年），世姓家族出了舉人世寰望，清初又出了舉人世拱顯，主持泉州小山叢竹書院。其後人目前散居泉州、香港、台灣和菲律賓各地。[28]

十六世紀初，歐洲葡萄牙人初次在錫蘭建立商業據點時期，被葡萄牙國王任命為首任中國使臣的皮雷斯（Tom Pires），在公元一五一一年隨著葡萄牙駐印度總督阿巴克奇（Alfonso de Albuquerque）的艦隊到了印度，翌年抵達滿剌加，居住了三年。他在滿剌加期間寫下了著名的《東方志》（*Suma Oriental*），是繼馬可波羅之後歐洲人有關東方的又一重要著作。他在這本書中雖然也提到別羅里是錫蘭島的重要寶石產地，但指出其地位已由可倫坡取代。[29] 這一演變，說明了葡萄牙人進入印度洋後，中國船隻對別羅里的訪問可能已經開始減少。

過了錫蘭島，即進入阿拉伯海海域，是經由印度西海岸連通阿拉伯各國的通道。

印度馬拉巴海岸

在印度西南方，有一片長八百四十五公里，寬四十幾公里到一百公里以上的狹長海岸平原，這就是面向阿拉伯海，景色宜人的馬拉巴海岸（Malabar），自古以來是胡椒、生薑、鬱金、[30] 豆蔻[31]等馳名世界的印度香料

的產地，是連接印度與波斯和阿拉伯世界的重要貿易地帶。沿著海岸，點綴著一連串的貿易港市，以及元朝時期中國人傳授的木條支撐的一張張四角捕漁網。

十四世紀初期元朝最後一個皇帝時，泉州與這些港市的聯繫達到了高峰，住過泉州的偉大旅行家汪大淵，在遊歷了錫蘭後，曾造訪了這些港市，在其《島夷誌略》中，為後人留下了珍貴的地理史料。

元代從泉州經台灣航向印度洋的一位偉大旅行家——汪大淵

離開現在將近有七百年的元朝末年，也就是阿拉伯人旅行家伊本·巴圖塔從印度踏上前往泉州的旅程之前十年左右，中國也有自身的一位偉大旅行家，反向而行，從泉州浮海遠航印度洋各地。這位偉大的旅行家就是曾經在泉州居住並到過台灣島的江西南昌人汪大淵。

汪大淵的生平，後人知之不多，但從他遠航回國後刊行的《島夷誌略》中的兩篇時人序言和他自書的後序可以得知，他字「煥章」，是江西豫章人，即南昌人。少年時曾「兩附舶東西洋」，即兩次附舶遠航到從菲律賓群島到印度洋、波斯灣的許多地方。他博聞好學。每到一地即將當地的「山川、風土、物產之詭異，居室、飲食、衣服之好尚，與夫貿易賚（音「來」）用之所宜」詳細記載，且「非其親見不書」（以上見翰林修撰張翥序）。

他自己也在書本後序中指出，「所過之地，竊嘗賦詩以記其山川、土俗、風景、物產之詭異，與夫可怪可愕可鄙可笑之事，皆身所遊覽，耳目所親見。傳說之事，則不載焉。」據此從書本所在地名條目推斷，其兩次遠航，足跡已遍及波斯灣邊今伊拉克境內的巴斯拉、印度次大陸的東西兩岸、孟加拉、錫蘭島上相傳有佛祖足跡的聖足山、南海諸國和菲律賓的一些島嶼。走過的地方不可謂不多，而且時間上也比鄭和出航早了六十多年。

他的兩次遠航都是從泉州出發的。回國後因為泉州有司命一位稱為

吳鑒的學者編《清源續志》，清源就是泉州，而泉州是市舶司所在，為各國海船輻輳之地，所以吳鑒就請汪大淵將《島夷誌略》附於《清源續志》之後。因此，後人才得以知悉這位偉大旅行家的偉大事蹟，以及當時中國所瞭解的世界地理知識。

值得一提的是，汪大淵到過了當時中國人很少到達的台灣島。

《島夷誌略》所載的第一個和第二個條目分別為「彭湖」（即澎湖）和琉球。元朝時所稱的瑠求、琉求，或琉球即指台灣而言。根據汪大淵的描述，彭湖「地隸泉州晉江縣，（元順帝）至元間（公元一三三三至一三四〇年）設巡檢司」。至於台灣，島上之人「煮海水為鹽，釀蔗漿為酒。知番主酋長之尊，有父子骨肉之義。他國人倘有所犯，則生割其肉以啖之，取其頭懸木竿。」這個習俗，顯然一直到清代，還繼續存在。

離開台灣後，汪大淵南下菲律賓諸島，由此開始了他航向南海諸國和印度洋的漫長旅程。當然，他不會是自己一個人航行，搭乘的顯然是經常出海遠航的泉州船隻，與他同行的，除了泉州船員外，也必然還有泉州商人或是僧侶等。

故臨與南毗是泉州船隻由印度進入阿拉伯海的首要造訪港口。故臨即現在的奎隆（Quilon 或 Kollam），汪大淵稱之為小唄喃，鄭和船隊稱為小葛蘭，很早就已是對羅馬、波斯貿易的要港。

當地盛產胡椒、椰子、檳榔和乾魚，[32] 近代成為印度腰果的批發交易中心。宋代泉州船隻到此，可說是耗時費事，須先在蘇門答臘島西端的南浡里過冬，等次年農曆八、九月風向變了，才再出發，一個月後到達此地。[33]

有不少阿拉伯商人住在故臨，他們的船隻也常到蘇門答臘和吉打貿易。這些商人隨風汛運阿拉伯馬匹到南海諸國貿易，他們的船隻被稱為馬船，可運載數百匹，可以想像當時的船隻運載量和運載能力有多大。回程時，也常

搭載在南浡里過冬準備前去印度的中國客商。[34]

南毗在故臨北方，這是宋朝時對現在的加利卡特（Calicut或Kozhikode）的古稱，汪大淵稱之為古里佛，鄭和時期稱為古里（古裡）。由於十四世紀中葉摩洛哥的偉大旅行家伊本·巴圖塔在前往泉州途中曾在這裡搭船，並見到了元朝使臣搭乘的華麗大船，對這些船隻的建構讚嘆不已，因此，後世對這個港口與中國的關係，有著極為深刻的印象。[35]

此地盛產胡椒、香蕉布、椰子葉和薔薇水（製造香水用的薔薇香精）之類，和故臨一樣，阿拉伯商人也用船隻運良馬到此販售，每匹都價值不菲。[36]

據南宋《諸番志》的記載，當時已有住在南毗即加利卡特的一對商人父子定居在泉州城南，這是將近八百年前兩地民間交往的最早實證。

明成祖永樂皇帝朱棣即位之初，即抱著與海外諸國交往通使的大志，在永樂元年（公元一四〇三年）「命中官尹慶奉詔撫諭其國，賚以彩幣。其酋沙米的喜遣使從慶入朝」。[37]也就是說，永樂皇帝曾經派遣太監尹慶出使該國，該國國王隨尹慶到中國回拜。接著，永樂六年（公元一四〇八年）和永

◆一五七二年在德國科隆出版的世界首套《世界城市地圖集》（Atlas Civitates Orbis Terrarum）第一集中的加利卡特全景。

第四章　北印度洋的帆影

095

樂十年（公元一四一二年）鄭和船隊也兩度到此，帶著朱棣皇帝的詔諭，賜其國王一方銀印，並立了一塊石碑，為此行留紀。38

成祖在位期間，加利卡特國王也多次遣使到中國，永樂十三年（公元一四一五年）的那一次進貢，其使臣成為向明朝進貢諸國使節團的團長：「諸蕃使臣充斥於廷，以古裡（即加利卡特）大國，序其使者於首。」39

明成祖去世後，宣宗朱瞻基繼位，鄭和在宣宗宣德五年（公元一四三〇年）奉命最後一次出航。宣德八年（公元一四三三年），船隊從東非返航，到加利卡特集合時，鄭和本人卻一病不起，享年六十二歲。人類史上一位罕見的偉大航海家，可能就在此埋骨異域，留下了他最後的痕跡。

公元一四四二年（明英宗正統七年），蒙古帖木兒帝國治下的阿富汗人拉扎克（Abd-er-Razzak）奉命出使印度，在加利卡特居住了一段時間。他在記載印度旅行的記事中提到，加利卡特住有世界上每一個城市和每一個國家的商人，可以找到航海家們帶來的大量珍貴貨物。他也提到，住在加利卡特的人都是喜好冒險的船員，人們稱他們是「中國人之子」。40

這個時期已是鄭和出航的高峰期之後，明朝海禁的結果，遠洋貿易江河日下，但是在遙遠的印度港口，卻仍然傳播著中國人的名聲，足見鄭和的英名猶在，而中國民間的海洋活力也非明朝朝廷的禁令所能完全禁絕。

介於南毗與故臨之間的柯枝（Cochi），是十四世紀四〇年代才發展起來的一個港市，之後住在加利卡特的中國人和各國商人不斷入遷，帶來了一片繁榮。用四根木條支撐的漁網，也就是在這個時期由中國人傳入的。由此地到故臨之間，長達一百多公里的海岸，至今還有無數的這種漁網插在海岸邊上，是當地漁民賺取收入的捕魚工具。

柯枝之名首見於《明史》，即現在的柯欽（Cochin）。元末旅行家汪大淵在一三三〇年代也到過這一帶，但當時這裡尚未成形為港市，附近只有稱為下里的小港口。41

與加利卡特一樣，從永樂元年朱棣遣使尹慶往訪開始，到後來的鄭和船隊三次造訪，柯枝在明成祖和宣宗期間，與中國使臣往來可謂頻繁。因這裡是胡椒最大產地，其當時的商業繁華也不亞於加利卡特。

　　由加利卡特再往北一千多公里，即進入印度西海岸偏北的胡茶辣國的地界，這裡是印度的最西地界，跨越坎貝灣（Gulf Cambay 或 Gulf of Khambhat）和卡奇灣（Gulf of Kachchh）兩道海灣，是十六世紀歐洲人東來之前，中國船隻遠航印度的終極地區。

　　胡茶辣國即現在的印度古吉拉特邦（Gujarat），這是一個大邦，唐朝高僧玄奘稱之為瞿折羅，指出「周五千餘里」。[42] 宋朝時稱為胡茶辣，指其「管百餘州，城有四重」，「有戰象四百餘隻，兵馬約十萬」。[43] 元代汪大淵到過其南邊坎貝灣東側蘇拉特半島（Surat Peninsula）的華羅港（Veraval），[44] 對當地的民居以牛糞和泥巴塗牆，印象尤深。

　　在十六世紀歐洲人東來之前，坎貝灣已是印度最熱鬧的商業港灣之一。在坎貝海灣頂端的坎貝，是最重要的貿易港市，海灣進口處兩側的達曼（Daman）、蘇拉特（Surat）和第塢（Diu）也是繁忙的城市。由這些港市出發的船隻，可通往非洲、阿拉伯、波斯和滿剌加各地。十六世紀初葡萄牙人初到印度時，在坎貝見到的是一片生意蓬勃景象，首任派駐中國的葡萄牙使臣皮雷斯在他的《東方志》中，有這樣的描寫：

「開羅的商人帶到坎貝的是來自義大利和希臘及大馬士革至阿丹（Aden，即今亞丁）的商品，有黃金、白銀、水銀、朱砂、黃銅、薔薇水、駝毛布、紅色染料、染色羊毛布、玻璃珠、武器等等。」

「忽魯謨廝（Ormuz，今伊朗霍木茲，Hormuz）人把馬帶到坎貝，還帶來白銀、黃金、絲、明礬、蘆薈、黃銅和米珠。他們帶回去坎貝自產的產品和從滿剌加帶到坎貝的商品。他們到坎貝去，就是為了要購買來自滿剌加的所有貨品。」[45]

「坎貝商人把滿剌加當作他們的首要貿易中心。過去有一千名胡荼辣的商人在滿剌加，另外還有四、五千名胡荼辣的航海員來來去去。滿剌加沒有胡荼辣就無法存在下去，坎貝沒有滿剌加，情況也會一樣。……如果把坎貝從滿剌加貿易中剔除掉，它就撐不下去了，因為它的商品就會沒有出路。」

從皮雷斯的描寫，可以想見坎貝在印度與馬來半島之間的貿易占有重要地位。但是，從明朝以後，中國的船隻就似乎很少來到這裡，鄭和船隊也未見落腳該處。因此，皮雷斯對坎貝的描寫中，也就完全沒有提到中國的船隻或商人。

不過，對中國船商來說，古里還是繼續保持其作為轉進波斯、阿拉伯和東部非洲的轉口港地位。鄭和的船隊將這裡作為通往阿拉伯海沿岸各國和自這些國家返航的集合地，在鄭和航海的顛峰過後很長一段時間，中國的船隻也依舊經由這裡航向波斯、阿拉伯等地。在皮雷斯的《東方志》成書不到一百年之後的十六世紀末期，中國民間出版的航海書《順風相送》，即提到了從古里往返忽魯謨廝和阿丹（Aden，今葉門亞丁）的航路。這也證明了一直到歐洲人活躍東亞海域以後的一百多年，中國船隻的帆影，仍舊繼續出現在印度洋和阿拉伯海水域。

在天方夜譚的國度裡

從南宋宗室趙汝適在其《諸番志》的記載，可以知道當時對阿拉伯伊斯蘭世界已經有了相當的瞭解。這本記載外國地理的志書所提到的大秦國、大食國、甕蠻國、白達國、木蘭皮國和勿斯里國，相當於現在的敘利亞、沙地阿拉伯、安曼、伊拉克、摩洛哥和埃及等國。書中的一些地名，如麻嘉，即現在的麥加聖城（Mecca），甕蠻即現在的安曼（Oman），白達即今伊拉克

首都巴格達（Baghdad），弼斯囉即今伊拉克南部的巴斯拉市（Basra），勿斯里（Misr）即今埃及開羅。[46]

元代旅行家汪大淵到過撻吉那（今伊朗境內的希拉夫港，Siraf）和波斯離（即巴斯拉），[47] 證實了中國人從印度西海岸經波斯灣進入阿拉伯世界的航路。他離去後不久，蒙古人即占領了整個波斯和阿富汗與西亞部分地區，建立了伊兒汗國。但僅二十一年，又為帖木兒汗國所滅。

明朝鄭和船隊下遠洋，以印度西海岸的古里為集合地，分兵進入阿拉伯世界。一路是由古里向西北波斯灣方向，航抵忽魯謨廝。一路是向紅海方向，抵阿拉伯半島西南角的阿丹。再一路是向西偏南航向非洲東部阿拉伯人和波斯人建立的貿易港木骨都束（今索馬里亞的首都摩加迪沙，Mogadishu）。

◆一二五六年，元世祖忽必烈的弟弟旭烈兀的鐵騎占領了現在的伊朗全境和阿富汗與西亞部分地區，建立了伊兒汗國。一二九二年，忽必烈利用女兒闊闊真遠嫁伊兒汗國可汗海合都的機會，派遣馬可波羅從海上率十四艘船共六百人前往，是為鄭和船隊下西洋之前，中國大規模遠洋外交活動的先聲。圖為旭烈兀與其信仰景教（基督教派系）的妻子脫古思可敦的畫像。

忽魯謨廝是個島嶼，是進入波斯帝國的首站，也是波斯帝國最重要的貨物集散地，船隻不斷載著商品從外國運來，主要的交易物品是馬匹、米珠、硝石、硫磺、生絲、明礬和銀幣等等。帶走的是胡椒、丁香、肉桂、生薑和各種香料與藥品。這裡的商人買進的馬匹，轉賣至印度可以賣得高價，當中最好的是阿拉伯馬，其次是波斯馬。[48]

當地男性居民的一項奇特習俗是喜好男色，因此，許多男子裝扮成婦女的樣子公開賣淫。[49] 葡萄牙人初抵當地時，難以接受，但這種習俗後來也傳到了他們的殖民地巴西。

鄭和船隊共訪問這個港口四次之多，開立了忽魯謨廝對中國派遣使臣的先例。其地「各處番舡並陸路諸番皆到此趕集買賣，所以國民皆富」。[50]

大概是受到了鄭和訪問的帶動，不少中國商民也出現在這個港口。一四三二年，即鄭和最後一次到訪十年之後，蒙古帖木兒帝國的使臣拉扎克在前往印度途中，經過此地，他看到了從埃及、敘利亞、土耳其到波斯各省雲集到此的商人，還同時見到了「整個中國（Tchin）和中國南方（Matchin）的人，還有大都（Khanbalik，今北京）的人居住在這裡。」「住在海邊的人來自中國（Tchin）、爪哇、孟加拉……」等國。[51]

阿拉伯半島最南端的阿丹是進入紅海的要津，是通往伊斯蘭聖城麥加的門戶。明永樂十五年（公元一四一七年）鄭和第五次出航，船隊經忽魯謨廝到了此地，獲贈長頸鹿。[52] 永樂十九年（公元一四二一年），欽命太監李充持詔書往諭，到蘇門答臘後由副使太監率三艘船隻往彼處，經該國國王特許，雙方交易了珍珠、珊瑚、長頸鹿、獅子、斑馬、金錢豹等不少珍品。[53]

但是，除了鄭和及明朝其他太監的船隊外，到過阿丹的中國商人似乎遠少於到過忽魯謨廝的。十六世紀初期，葡萄牙首任駐華使臣皮雷斯在《東方志》的描述中，只提到中國商品是經由泰國大城王朝的都城運抵該處。

木骨都束遠在東非，從該處到幔八薩（Mombasa，今肯亞的蒙巴薩港）

之間的海岸,已是近代之前中國船隻所能到達的極限。因永樂十四年（公元一四一六年）該國遣使「奉表朝貢」,成祖命鄭和帶著錢幣回訪。船隊經忽魯謨廝、阿丹,最後到達此處,獲該國贈送斑馬和獅子。其後一直到宣德五年（公元一四三〇年）,因其使臣到訪,鄭和又三度奉命護送使臣到達該國。[54]

然而,木骨都束「山連地曠,磽瘠少收,歲常旱,或數年不雨」,鄭和的最後一次到訪,已是強弩之末。到歐洲人的勢力進入印度洋之後,中國人的航船就逐漸淡出了阿拉伯海域。

● 註釋

1 Sinharaja Tammita-Delgoda, *A Traveller's History of India*（《旅行家的印度史》）, Interlink Book, New York, Third Edition, 2003。

2 《梁書》，卷第五十四，列傳第四十八，〈諸夷〉條。

3 同上。

4 十六世紀以後，擴張全球的歐洲人也是利用宗教和經貿兩種力量的交互運用，開展了龐大的海外帝國。其中尤以西班牙人和葡萄牙人為其代表。十七世紀荷蘭人統治台灣，也是兩者兼用。

5 耽摩栗底為離加爾各答西邊一百多公里的梅地尼普市（Medinipur）管轄的小鎮，臨恆河支流魯普那拉央河（Rupnarayan），古代曾靠近出海口，後因淤積和河流改道，失去了往昔的功能。這個小鎮在唐朝時為小邦，其名稱見諸唐玄奘所著的《大唐西域記》。

6 《諸番志》，〈海上雜國〉條。

7 （唐）義淨，《大唐西域求法高僧傳》，卷二。

8 見 http://www.atributetohinduism.com/India_and_China.htm，India and China（印度與中國）。

9 《大唐西域記》卷第十。

10 馬來西亞史家認為羯荼即今該國西北部的吉打州所在地，印尼史家則認為是在蘇門答臘島西北部。但據義淨對其旅程的描述，似以吉打的可能性居多，因從羯荼到下一停靠站傑人國，義淨共走了十天有餘。傑人國即安達曼群島南方的尼可巴群島（Nicobar Islands），按距離計算，吉打較為相合。

11 《大唐西域求法高僧傳》卷二，「義淨自述」部分。

12 今印度西孟加拉邦馬爾答區（Malda），在加爾各答北方約三百五十公里處，西臨恆河。

13 《諸番志》，〈注輦國、鵬茄囉國、南尼華囉國〉條。

14 《島夷誌略》，〈朋加剌〉條。

15 據（明）馬歡，《瀛涯勝覽》、（明）黃省曾，《西洋朝貢典錄》和（明）鞏珍，《西洋番國志》，〈榜葛剌國〉條。《瀛涯勝覽》和《西洋番國志》均指板哇在鎖納兒港西南方向，但根據今人的地圖，應在西北方向。文中五百公里的里程數，也是據今人地圖推算，從海口到國都，距離也似乎過遠。

16 據《殊域周知錄》，〈榜葛剌國〉條。

17 《瀛涯勝覽》，〈啞魯國〉條。

18 《元史》，〈本紀第十二・世祖九〉中稱之為蘇木都剌。鄭和船隊稱之為蘇門荅剌。

19 《瀛涯勝覽》，〈蘇門荅剌〉條。

20 《諸番志》，〈藍無里國 細蘭國〉條。

21　《佛國記》。
22　《諸番志》，〈藍無里國 細蘭國〉和〈南毗國 故臨國〉條。
23　《島夷誌略》，〈僧加剌〉條。
24　W. I. Siriweera, *Ports in ancient Sri Lanka*（《古斯里蘭卡的港口》），見 http://hettiarachchi.tripod.com/port.html。
25　《瀛涯勝覽》，〈錫蘭國 裸形國〉條。
26　該碑中文內容主要涉及鄭和駐泊錫蘭期間對錫蘭諸佛寺的敬禮布施說明，包括金銀、織金、紵絲、寶幡、香爐、花瓶、表裡、燈燭、香油等物。參看龍村倪，〈鄭和布施錫蘭山佛寺碑漢文通解〉，中華科技史學會會刊第十期（二〇〇六年十二月）。
27　《明史》卷三二六，〈列傳第二百十四 外國七〉。
28　《福建畫報》，一九九九年第四期。
29　Tom Pires, *The Suma Oriental of Tom Pires, An Account of the East, From the Red Seato Japan, Written in Malacca and India in 1512-1515*（《東方志》），Asian Educational Services, India，一九九〇年，第一卷，第八十四～八十七頁。
30　薑科植物姜黃（curcuma longa）根部研磨出來的粉末，英文名turmeric，呈褐黃色，為製造咖哩粉的主要成分之一，有些微香味，帶苦味，中藥用於活血祛瘀。
31　也屬薑科植物（cardamom），種子像豆子，古埃及人用於咀嚼清牙，古希臘、羅馬人用來製作香水。味甜帶酸，可入食物增加香味。因據稱有催情作用，也被用於製作精油。
32　《島夷誌略》，〈小唄喃〉條。
33　《諸番志》，〈南毗國 故臨國〉條。
34　《島夷誌略》，〈小唄喃〉條和〈甘埋里〉條。
35　《大航海時代的台灣》，第十六頁。
36　《島夷誌略》，〈古里佛〉條。
37　《明史》卷三二六，〈列傳第二百十四　外國七〉。
38　《西洋番國志》，〈古里國〉條。
39　《明史》卷三二六，〈列傳第二百十四　外國七〉。
40　參考 Narrative of the Journey of Abd-er-Razzak（〈拉扎克遠行記述〉），*India in the Fifteenth Century*（《十五世紀的印度》），R. H. Major 編，原英國Hakluyt Society出版，紐約 Burt Franklin 重印。原文為波斯文，後譯成法文，再譯成英文。
41　見《島夷誌略校釋》，第二六八～二六九頁注釋。
42　《大唐西域記》。

43　《諸番志》，〈胡茶辣國〉條。
44　《島夷誌略校釋》，〈華羅〉條注釋，第二九三頁。
45　《東方志》，第四十五頁。
46　參看楊博文校釋，《諸番志校釋》，北京中華書局，二〇〇〇年。
47　《島夷誌略校釋》。
48　《東方志》，第二十~二十一頁。
49　同上。第二十三頁。
50　《西洋番國志》，〈忽魯謨廝〉條。
51　*India in the Fifteenth Century*（《十五世紀的印度》），第五一六頁。
52　〈婁東劉家港天妃宮石刻通番事蹟記〉，見向達校注，《西洋番國志》，北京中華書局，二〇〇〇年，第五十一頁。
53　《西洋番國志》，〈阿丹國〉條。
54　《明史》卷三二六，〈列傳第二百十四　外國七〉。

◆廣西合浦漢代文化博物館館藏當地漢墓出土的瑪瑙串珠。這些瑪瑙飾品與該館收藏的大量造型獨特的水晶、琥珀、綠松石、玻璃等器物，是漢代海外貿易興旺發達的實物見證。

◆一九八三年在廣州西漢南越王趙眜墓出土的世上唯一一件絲縷玉衣。另還出土了見證漢代海外貿易的波斯銀盒、西亞金花泡、非洲象牙和東南亞乳香等文物。

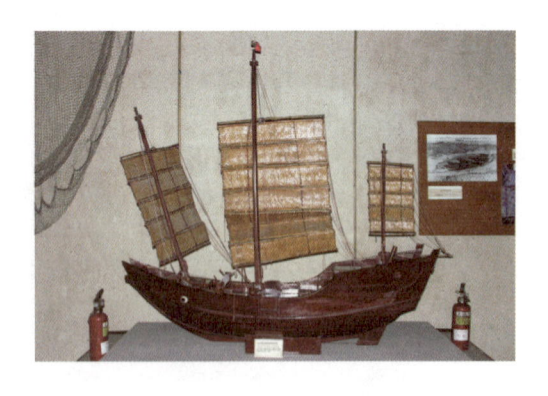

◆泉州安平橋又名五里橋,是晉江安海鎮與南安水頭鎮之間的跨海長橋,全長兩千多公尺,是古代第一長橋。始建於南宋紹興年間,歷代多次修繕,明末因地震損毀,鄭芝龍被朝廷招撫從台灣回家鄉後,曾召集地方商民捐資重修,在橋中央的水心亭(圖中房屋建築)留有其說明修繕因緣的刻字石碑。

◆泉州市海外交通史博物館所藏泉州灣後渚港出土的宋朝海船模型,這種船隻底層有嚴密的防水隔艙,代表了宋朝中國造船事業的技術突破。

◆泉州靈山伊斯蘭先知穆罕默德弟子三賢、四賢墓葬處。據明代何喬遠所著《閩屬》，唐高祖武德年間（六一八～六二六年），先知兩位弟子，到泉州傳教，死後葬於現泉州市豐澤區靈山南麓，兩墓緊鄰，上有一九六二年重修的石亭，後世尊稱聖墓。石亭後幕牆正中有一方阿拉伯文石碑，立於元至治二年（一三二二年），記述三賢、四賢事蹟。右側有紀念明永樂十五年（一四一七年）鄭和第五次下西洋途經泉州時向聖墓行香的紀事碑，上刻有「欽差總兵太監鄭和，前往西洋忽魯謨斯等國公幹，永樂十五年五月十六日於此行香，望靈聖庇祐。」

◆金門南磐山南側的「虛江嘯臥」碣石，為明代出身泉州晉江的抗倭名將俞大猷所題（「虛江」為俞大猷之號），距今已有四百七十多年歷史。嘉靖十六年，俞大猷奉命戍守金門，常帶部屬到此觀兵操演，遂在石上題字，以抒發自己胸懷。「嘯臥亭」為俞大猷門生楊弘舉任金門副千戶時感念恩師而建。

◆明洪武二十五年（一三九二年）在金門島東邊的田浦設巡檢司後，自山東泰山東嶽城隍廟分香在此建城隍廟，因年代久遠，該廟在二〇〇三年由地方人士開始改建，二〇〇七年落成。圖為其前門的宏偉景觀。

◆明代嘉靖年間廣東潮州至福建漳州兩省交界處的沿海地帶是大股海盜出沒之處，明朝水師為追剿這些海盜，常疲於奔命。圖為當時這些民間海上武裝勢力極為活躍的饒平縣柘林鎮至南澳島一帶水域，圖中央遠山處即為南澳島。

◆由石坊和狹窄的里巷襯托出來的漳州明朝式街道，是漳州老城的特色。明朝隆慶元年（一五六七年），漳州出海口的月港，被朝廷開放為唯一對外貿易口岸，成為中國白銀外匯最大輸入地，也是閩南僑民大量外移的重鎮。

◆一五五七年由閩南海商與葡萄牙人共同開埠的澳門，至今已經走過了五百多年的歷史。曾經是葡萄牙人統治中心的葡式建築風格市政廳廣場，已經被聯合國教科文組織指定為世界文化遺產。澳門既是人類的共同財富，也是明代漳、泉之民領航東亞大航海時代的一個重要口岸。

◆澳門因為有媽祖信仰等傳統文化與異國風情的融洽結合而成為擁有多元文化的國際聞名城市。圖為當地青少年在已有五百多年歷史的媽閣廟（媽祖廟）前跳葡萄牙土風舞。

◆一三五〇年在曼谷北方八十公里處潮白耶河（Chao Phraya River，華人稱湄南河）河畔建立的大城王朝（Ayuthia）一直與中國密切通商，外國商人中只有中國商人獲准住在城內。到十七、八世紀時，它又是閩南海商與歐洲、琉球、日本商人交集往來的地方。王朝維持到一七六七年被入侵的緬甸人滅亡為止。圖為流經大城的潮白河一景。

◆十七、八世紀泰國曼谷北邊的大城王朝都城所在地的大城曾經是中國、葡萄牙、荷蘭、琉球與日本商人匯聚貿易之地。圖為佛教寺廟密布的大城一景。

◆十八世紀在麻六甲聚居的閩南華人富戶，曾經是英國殖民者賴以開發馬來半島的主要資金來源。圖為麻六甲唐人街一景。

◆馬來西亞麻六甲三寶山又稱「中國山」,是鄭和下西洋時的駐紮之地,後成為六百多年來閩南人為主的華人移民埋骨之所,現已被確認為馬來西亞國家文化遺產。

◆十六、七世紀之交，位於爪哇島西端的貿易港市萬丹是重要的胡椒種植與銷售集散地，在此經商和種植胡椒的閩南人很多，形成了唐人街。圖為緊鄰當時的唐人街的蘇丹王城的遺址。

◆從十六世紀起即已由閩南商人在印尼爪哇萬丹近海處建立的唐人街所在地，現在已少見華人居民，但緊鄰荷蘭殖民者的城堡遺址旁邊仍存有一間香火鼎盛、面積龐大的佛教寺廟，供奉的神祇有佛祖、觀音與媽祖等，周邊城鎮居住的華人常前來參拜。

◆在一九六〇年代期間，因印尼政府一度排華，禁止當地華人使用中文，華人的文化認同受到很大的打擊，但是很多文化信仰還是保留了下來。圖為雅加達班芝蘭區的唐人街，內含有當地建築風格的佛教寺廟金德院，到此燒香的信眾很多。

◆十六世紀中期以後，閩南華商為日本平戶、長崎的開埠提供了有利條件。在他們的奉引下，葡萄牙人、荷蘭人、英國人先後到此通商設立商館。一六三五年日本鎖國後，只有中國與荷蘭的船隻能夠進入長崎港，但華人的住地被限制在狹小的範圍內。至今長崎仍是在日華人的主要居住地之一。圖為緊鄰原華人限制區的長崎唐人街入口處。

◆一七四〇年爪哇荷蘭殖民者屠殺巴達維亞（今雅加達）及周邊閩南人為主的華人移民後，流經該城西郊的溪水為之染紅，人們開始以「紅溪」稱呼這條溪流，按閩南語發音，即為「Angke」，至今當地人仍以「Angke」稱之。

◆十八世紀末期，英國人萊特在泉州人辜禮歡（辜振甫的祖先）的幫助下，在馬來半島西側的檳榔嶼島開發出來的自由貿易口岸，在相當時期內吸引了大批閩南移民南下，並以此為跳板，前往馬來半島、麻六甲和蘇門答臘等地發展。在檳榔嶼東北角的喬治市海邊有一個由王、陳、林、周等閩南八姓及雜姓移民後裔聚居的海上棧橋式聚落，稱為「宗姓橋」，每姓均有其各自通向海邊的棧橋通道，各戶人家排列在狹窄的通道兩邊，聲氣相聞，體現了另類的同姓聚居方式。聯合國教文組織已在二〇〇八年將喬治市列為世界文化遺產之一。

◆檳榔嶼宗姓橋入口處的朝元宮，供奉的是被後人尊為「保生大帝」的北宋泉州同安明盛鄉積善里白礁村（今漳州龍海縣角美鎮）人吳夲（音「濤」）。吳夲五十八歲時因為鄉親上山採藥，失足落山而逝，後人為紀念他，尊其為醫神，俗稱「大道公」或「吳真人」，在福建、潮汕、台灣、東南亞等地的閩南人當中擁有大批信眾。

◆泰國南部印度洋安達曼海上的普吉島是泰國的旅遊勝地，島上華人為十九世紀時由檳榔嶼移居此處開礦的工人的後人，他們的祖籍主要是漳州籍移民，目前這些居住普吉鎮的後代居民主要是說漳州腔的閩南話，而不是泰國華人通用的潮州話。圖為普吉鎮上華人較為集中的街道一景。

◆泰國普吉島普吉鎮的福元宮，供奉的是在台灣同樣擁有大批信徒的北宋泉州安溪高僧清水祖師。圖為結合了泰國建築風格色彩濃重的福元宮清水祖師廟。

◆在東南亞各個重要港埠中，新加坡是歐洲殖民者覬覦較晚的一個，直到一八一九年英國人萊佛士才自柔佛蘇丹手中獲得，但是在經濟活力上，卻後來居上，發展迅速，成為閩南移民南下種植胡椒與橡膠的首選地，造就了許多富戶，而居民也保持了濃厚的閩南文化傳統。圖為當地建於光緒初年的保赤宮所供奉的唐初開漳聖王陳元光一家數代的神像。這裡同時也是凝聚當地漳州陳姓移民家族後代的信仰中心。

◆一六六二年，擊敗荷蘭殖民者的一代閩南海上英雄鄭成功復台後不久病逝，翌年兒子鄭經為他與夫人董氏建蓋了廟宇祀奉，稱「延平王廟」。台灣入清後，因後人陸續離台，廟宇為他人所占，在乾隆年間才為鄭姓士紳等贖回重修，改稱鄭氏大宗祠。其後歷經日據時期鄭姓族人整修與一九八五年台南市定為三級古蹟，至二〇〇〇年再次整修，並於兩年後定名為「鄭成功祖廟」，始有現在之格局。圖為懸有乾隆三十六年（一七七一年）鄭成功第四代孫鄭汝成至台灣祭拜時所立「三圭世錫」匾額之正殿及鄭成功神像，其風格質樸而簡約。

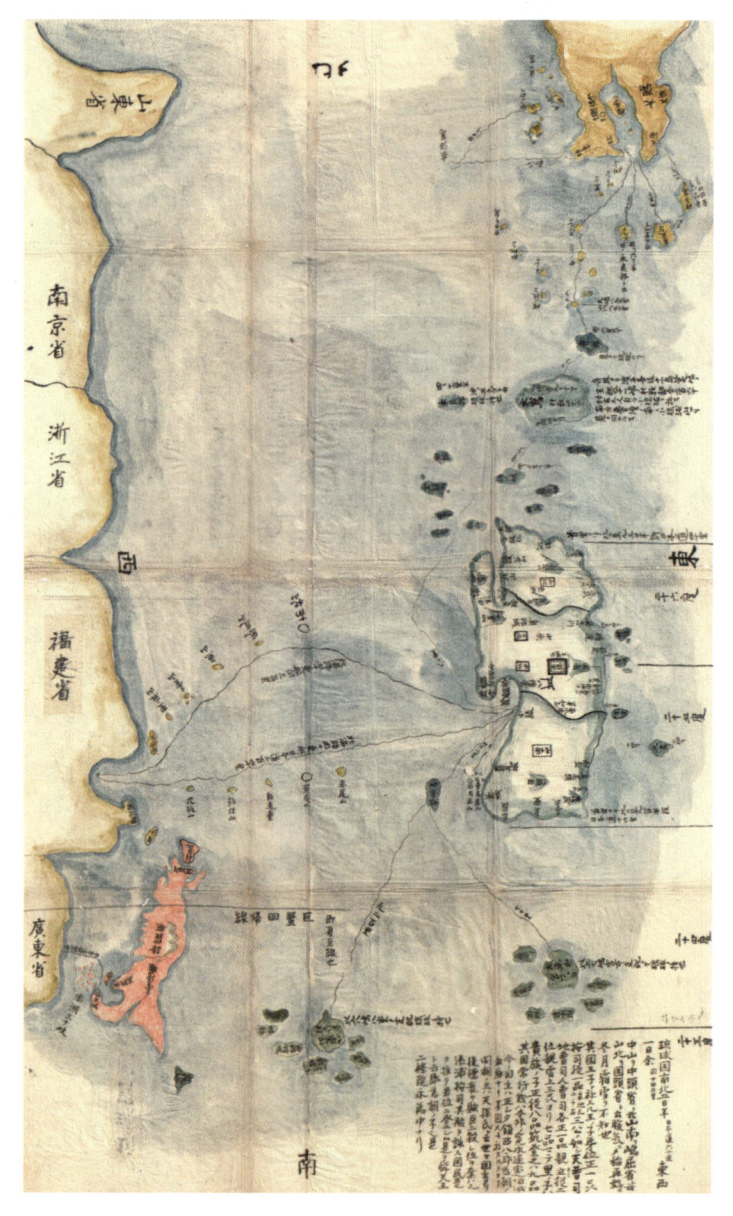

◆由珍稀地圖交易商GEOGRAPHICUS RARE & ANTIQUE MAPS提供維基百科公開成為公眾財的一七八一年（乾隆四十六年）日本人所繪琉球與台灣的地圖，顯示了當時日本人對兩地的地理概念。琉球在一六〇九年（萬曆三十七年）為薩摩藩出兵併吞後，為其實際軍事控制（雖然名義上琉球仍為明朝和後來的清朝藩屬）；台灣後來則屬清朝領土。雖然圖中不正確地把台灣縮小了，琉球放大了，並且把台灣島南端的小琉球的顏色畫成與琉球群島的顏色相同（可能因其名稱相近），即將其歸類為琉球領土，但該圖仍清楚顯示出從琉球那霸港到福州定海所北線航路上的南杞山以西各島嶼，以及從那霸港至福州梅花所南線航路上的赤尾山、黃尾山、釣魚台、彭佳山及花瓶山等釣魚台島諸嶼，顏色與福建同，表明其是屬福建管轄（當時台灣也屬福建管轄）。目前常被兩岸學者與網民引用證明釣魚台列嶼是屬台灣管轄的一七八五年日本人林子平所繪《琉球三省三十六島地圖》，即是參照此圖繪成。

第五章
葡萄牙人的東來

◆一四九八年,葡萄牙航海家達伽馬率艦登陸印度西海岸的加利卡特。原畫為一八八〇年的水彩畫。

十六世紀歐洲人的東進,打破了中國人、印度人、波斯人、阿拉伯人和南海諸國之民共同構築的亞洲政治和經濟秩序。

公元一四九二年哥倫布「發現」了西印度群島後,對葡萄牙和西班牙兩國產生了巨大的衝擊。在此之前,因為歐亞交界處的君士坦丁堡淪陷於土耳其人手中,東西方陸路貿易中斷,歐洲人急於尋求從海上前往亞洲的通路。哥倫布的「發現」,給兩國帶來了找到東方航路的希望。教皇亞歷山大六世(Alexander VI)為了讓這兩個篤信天主教的國家建立起「大發現」後的「世界秩序」,策畫葡、西兩國在一四九四年簽署了瓜分世界的《托德希拉斯條約》(Treaty of Tordesillas),以穿越大西洋的一條無形南北軸線為界,凡軸線以西的非基督信仰國度均屬西班牙所有,以東均為葡萄牙所屬。

在條約的刺激下,兩國加快了尋找新航路的步伐。在鄭和最後一次航抵非洲大陸的半個多世紀以後,葡萄牙人狄亞士(Bartolomeu Dias)於公元

一四八八年首度抵達非洲最南端的好望角。一四九八年，他的後繼者達伽瑪（Vasco da Gama）率著四艘船隻繞過好望角北上，抵達鄭和船隊到過的肯亞故地馬林迪港（Malindi），在阿拉伯導航員的指引下，來到了印度的胡椒生產基地和香料交易中心——加利卡特。因當地土王和摩爾人，[1]也就是來自阿拉伯地區的商人對葡萄牙貨物不感興趣，予以抵制，達伽瑪在加利卡特停留了三個月後，所獲不多，因此種下了對阿拉伯人的仇恨種子。

一五〇〇年，達伽瑪的朋友，也是發現巴西的葡萄牙人卡布拉（Pedralvarez Cabral）率領的艦隊抵達加利卡特，當地人對其敵意加深，葡萄牙船開砲轟擊後，南下首訪柯枝，停留到次年。因柯枝王與加利卡特王有隙，葡萄牙人獲准在此建立在印度的第一個據點。艦隊離開後，有三十人留下建立商館，另有四名方濟各會教士也留下傳教。

一五〇二年，達伽瑪再度帶領二十艘船隻組成的強大武裝艦隊重返加利卡特。艦隊從東非海岸北行，繞過阿拉伯半島南方，抵達了印度西海岸的果阿（Goa，古稱臥亞），再沿海岸南下，準備對加利卡特發動攻擊。葡萄牙人在離加利卡特北方不到一百公里處的坎諾（Cannaore）等候，捕獲了一艘從麥加返回的阿拉伯商船。他們將船上的貨物洗劫一空，將全船三百八十名船員和乘客關押起來，然後放火燒船，大火燒了整整四天，所有阿拉伯船員和乘客，不論男女老少，全部被燒死。

達伽瑪接著南下，重施故伎，對加利卡特展開了砲擊，並將三十幾名漁民殺害，砍斷他們的手腳，割下他們的頭顱。為了報復葡萄牙人，加利卡特王在達伽瑪的船隊返國後，攻擊了柯枝，並摧毀了葡萄牙人的商館。柯枝王與葡萄牙人逃往附近一個小島。

達伽瑪此行雖然未能如願迫使加利卡特王接受其建立貿易據點，但是，因為劫掠了阿拉伯人的商船，反而使他滿載而歸。回到里斯本後更受到了英雄式的歡迎。此後，接續進入印度洋的葡萄牙船隻，也都是燒殺擄掠，為歐

洲人首登世界舞台，開創了一個極端惡劣不道德的先例，至今阿拉伯世界還擺脫不了這種飽受白人摧殘蹂躪的噩夢。

阿巴克奇占領果阿

一場改變亞洲總體格局的風暴因阿巴克奇的抵達印度而全面形成。公元一五〇三年，繼達伽瑪之後，與王室有些血親關係的阿巴克奇奉葡萄牙國王之命首航印度，前往柯枝建立城堡。他的一位堂兄弟率領的三艘船隻先期抵達，將占領柯枝的加利卡特人趕走，並助柯枝王復位。隨後抵達的阿巴克奇，隨即展開了建築城堡的工程。

翌年阿巴克奇返回葡萄牙，留下佩雷拉（Duarte Pacheco Pereira）和一百名葡萄牙人駐守。加利卡特王伺機動員了五萬名士兵和兩百八十艘船隻對其發動進攻。葡萄牙人以一當百，配合柯枝王的五千名士兵，堅持了五個月，擋住了敵人的進攻，保住了葡萄牙王國在印度的立足據點。加利卡特方面損兵折將，一萬九千名士兵被葡萄牙人殲滅。葡萄牙自此真正成為印度洋上的一股新興勢力。過去由阿拉伯人和中國人壟斷的印度香料貿易，開始逐漸轉向葡萄牙人的手中。

一五〇五年，葡萄牙國王派遣阿梅達（Francisco de Almeida）出任駐柯枝的首任印度總督。但是，當地的葡萄牙人與阿拉伯人之間的敵意不斷加深，甚至埃及也派出了艦隊，與胡茶辣國聯手，在海上擊敗了葡萄牙人，阿梅達擔任葡萄牙船隊司令的兒子，遭阿拉伯聯合艦隊擊斃。

一五〇六年，阿巴克奇隨著一支支援阿梅達的龐大艦隊重回印度。這支艦隊沿著東非海岸北上，沿途征服了阿拉伯人經營的海岸商業基地。

艦隊抵達莫三比克島（Mozambique Island）後，繞道馬達加斯加島西北海岸。為了尋找補給，阿巴克奇在此與艦隊分手，帶著來自馬林迪的導航

員，率領六艘船隻和四百名屬下，向北直航，沿著半個多世紀前鄭和船隊到過的非洲東海岸，朝忽魯謨廝進發，打算占領忽魯謨廝，切斷阿拉伯人的對外貿易。

阿巴克奇的艦隊在北航途中，攻占了位於阿拉伯半島東南端控制波斯灣出口的一些城鎮。在攻占馬斯卡特（Masqat，今阿曼首都）的戰役中，阿拉伯人戰敗逃到了山上。但是一些躲在家中來不及逃走的男女老少，被葡萄牙人發現後全部殺光，一個不留。

為了向阿拉伯人樹威，阿巴克奇下令焚燒馬斯卡特全城和停泊港口的三十多艘大小船隻。臨走撤退時，阿巴克奇又下令將俘獲的許多阿拉伯人，不論男女，通通割掉鼻子、耳朵。[2]

馬斯卡特是阿拉伯良馬的集散地，內陸畜養了很多出口到印度和滿剌加的馬匹。葡萄牙人的進攻，使得已經存在了數百年的阿拉伯馬市受到了沉重的打擊。馬斯卡特被攻破，位於波斯灣東側的波斯王國最重要的海上門戶和貿易港口忽魯謨廝，便完全暴露在葡萄牙人的艦隊砲口下。阿巴克奇急於占領該島，作為葡萄牙東進的一個重要據點。

這個時期的波斯王國，舊的蒙古帖木兒王朝才滅亡不久，[3] 裡海西側的土耳其裔薩法維人（Safavids）建立的薩法維王朝（Safavid Empire）政權初立，新王伊斯邁爾（Esmail）在一五〇二年登基時為年僅十五歲的小兒，治下從阿富汗到伊拉克的中亞和西亞各民族蠢蠢欲動。面對葡萄牙這個新興海上強權的洶洶來勢，伊斯邁爾治下忽魯謨廝的統治者是戰是和，舉棋不定。最後，主戰派占了上風。波斯人在忽魯謨廝港口擺上了六十艘大船迎戰，這些大船都裝備了重砲，配備了許多弓箭手。其中一艘屬於印度胡茶辣國坎貝港的土王，稱為「美麗號」（Meri），重達一千噸左右，船上有多門大砲。另一艘重達六百噸，屬於坎貝的王子，也一樣裝備精良。在這六十艘大船之後，另排列了兩百艘多槳長形小船，船首裝備了小投射砲（迫擊砲）。

第五章　葡萄牙人的東來

與波斯人的大艦隊作戰陣勢相比，葡萄牙人的船隻數量只有對方的十分之一，人員數量更不成比例，明顯處於劣勢，而且砲火的威力也壓不過強敵。但阿巴克奇不愧是一個頑強的指揮官，而他的屬下更是銳不可當。戰鬥一打響，葡萄牙人就擊沉了屬於坎貝王子和來自胡茶辣國的另一艘船隻。在一片混亂中，「美麗號」也被阿巴克奇的旗艦用一條纜繩鉤住，船上的許多人，包括船長在內，被葡萄牙人以槍枝和十字弓箭射死，阿巴克奇旗艦上的軍官趁勢登上小船，搶登「美麗號」，見人就殺，將殘留在敵船上的六十個人通通殺死。⁴

　　這場戰鬥一直打到天黑。波斯人方面由忽魯謨廝的統治者在岸上坐鎮，但是艦隊還是全軍覆沒。為了避免重蹈馬斯卡特全城覆滅的命運，被迫與阿巴克奇簽訂了屈辱的城下之約，向葡萄牙王稱臣，認阿巴克奇為父，並應允從每年的貨物關稅收入向葡萄牙人交納鉅額的保護費。阿巴克奇以其驚人的戰鬥意志，取得了不可能取得的勝利。⁵

　　但是，這場勝利曇花一現。很快的，葡萄牙人陣營內就因為阿巴克奇執意留在忽魯謨廝建築城堡而出現分化。急於前往印度的船長們聯手對抗阿巴

◆一五〇六年，阿巴克奇率領的葡萄牙艦隊初抵波斯（今伊朗），搶奪政權初立的伊斯邁爾薩法維王朝的要港忽魯謨廝，大敗波斯與印度聯軍，取得了對波斯的徹底勝利。圖為當時統治波斯的新王伊斯邁爾一世。（取材自維基百科）

克奇，幾乎引發叛變事件。在此期間，又因四名葡萄牙人投敵尋求庇護，忽魯謨廝統治者拒不交回，阿巴克奇對忽魯謨廝島進行了長期封鎖。在封鎖期間，三艘葡萄牙船不願繼續留在忽魯謨廝虛耗下去，棄阿巴克奇而去，自行航向印度。

　　阿巴克奇封鎖不成，只好放棄占領忽魯謨廝的計畫，帶著剩下的三艘船隻往西向紅海方向駛去（其中一艘又被派往馬林迪去尋找補給），在紅海出口處至非洲之角的瓜達富角（Cape Guardafui，在今索馬利亞卡西爾角〔Caseyr〕）一帶巡航了將近半年。之後與來自葡萄牙的船隻會合後又返回忽魯謨廝，企圖再度封鎖這個城市。直到一五〇八年年底，終因船隻久航失修，遭到了暴風雨的襲擊，不得已暫時放棄了在忽魯謨廝建立基地的計畫，重臨柯枝，接替阿梅達續任印度總督。

　　一五〇九年年底，阿巴克奇奉國王之命，率領由外甥帶領前來亞洲的支援艦隊，共二十艘船隻，駛向加利卡特，發起了一次失敗的登陸攻擊。雖然葡萄牙人已攻進加利卡特王宮，燒毀了部分建築，但還是為守兵擊退，阿巴克奇本人被刺傷，他的外甥命喪異域。

　　一五一〇年二月，統治印度西海岸貿易重鎮果阿的阿拉伯人國王病逝，阿巴克奇搶占先機，率領二十艘船隻和一千名下屬對果阿發動進攻。因當地印度人憎恨阿拉伯人的統治，阿巴克奇沒有遭到多少抵抗就占領了這個島嶼。

　　繼承王位的年輕國王伊達汗（Idalkan）當時並不在果阿，果阿陷落後，他很快集結了部屬和痛恨葡萄牙人的阿拉伯人與土耳其人反擊。雙方膠著了三個多月，阿巴克奇人少加上補給不足，只好放棄了果阿，退到與葡萄牙人友好的坎諾。不久又揮師南下柯枝，扶助柯枝新王登基。

　　一五一〇年十一月，阿巴克奇集結了二十三艘葡萄牙艦隻和兩千名人員，回師北上，從坎諾進發，向果阿發動第二次總攻擊。面對將近八千名土耳其人和阿拉伯人等組成的聯軍，葡萄牙人的攻勢異常凌厲。在第一線抵擋

的土耳其兵首先撤守。守在城堡第二線的土耳其人，稍事抵抗後接著撤離，試圖渡河逃往島對面的內陸地區。在爭先逃走過程中，又有不少人淹死。不到一天，葡萄牙人重新占領了果阿。

在這一役當中，葡萄牙人方面死去了七名軍官，一百五十多名士兵受傷。但阿拉伯人戰死的卻達兩千人。當葡萄牙人進入市區時，繳獲的大砲就達一百門，小砲和補給、彈藥就更多了，還有兩百隻馬匹。雙方勝負可謂相當懸殊。

為什麼阿拉伯人會遭到如此慘敗？論體型和身材，葡萄牙人個子一般都比較矮小，而且是長期在海上航行的兵疲之師，阿拉伯人無論從體格上或是人數上，都遠遠處在上風。論砲火彈藥及其數量，更不見得比葡萄牙人遜色。因此，阿拉伯人不是敗在有形物質的劣勢，而是敗在指揮、士氣、訓練，甚至天主教與伊斯蘭文明競爭等方面的因素。[6]另外，不可否認，從達伽馬到了印度以後，特別是阿巴克奇等人對待戰敗對手的殘暴手段，也是導致對手懼怕他們的一個重要因素。

果然，阿巴克奇進入果阿市區後，又大開殺戒。他下令手下島上一個活口都不留，要將能夠找到的所有阿拉伯人，「男女老少通通殺死，絕不手下留情，絕不能在島上留下一個阿拉伯種，只留下印度人。」這場屠殺延續了四天，被殺害的阿拉伯男人和婦孺共達六千人。[7]

阿巴克奇占領果阿，為葡萄牙建立了亞洲基業的起點。同時，果阿陷落的消息，很快地傳到了麥加的吉達港（Jiddah）和開羅，震動了整個阿拉伯世界。

麻六甲的淪陷

阿巴克奇攻占果阿後，下一個目標是馬來半島的麻六甲（古稱滿剌加）。

公元一五〇九年，在塞奎拉（Diogo Lopez de Sequiera）的率領下，由四艘船隻組成的葡萄牙艦隊最早來到了屬於伊斯蘭勢力的麻六甲，並設立了商館。但是，麻六甲王國統治下的麻六甲港的最高官員並不歡迎葡萄牙人的到來。他以設宴為名，打算逮捕這些葡萄牙人。塞奎拉得到風聲帶著兩艘船隻逃走了，另外兩艘船隻無法帶走，只好放火燒掉。而正忙著在陸地上裝貨的二十一名商館館員則因逃走不及，統統被抓了起來。[8]

　　果阿陷落的消息傳到麻六甲後，當地官員萬分緊張。阿巴克奇對待敵人的殘暴手段早已傳遍各地，統治官員對如何處理葡萄牙俘虜，進退兩難。

　　公元一五一一年，阿巴克奇集結了十八艘大小船隻，其中三艘是火力最強的葡萄牙式大帆船（galleys），開始向麻六甲進發。途中在蘇門答臘島北岸兩個要港停留，並攔截了一些印度胡茶辣邦的商船，由船上的人帶路，直抵麻六甲港。正好麻六甲港的統治官員已因蓄謀篡奪王位被國王處死，面對葡萄牙人的洶洶來勢，麻六甲國王將葡萄牙俘虜事件的責任全都推給了那名官員，但卻遲遲不交回葡人俘虜。

　　雙方僵持多天後，阿巴克奇下令焚燒停滿港口的胡茶辣船隻，麻六甲國王表面應允求和，但暗中卻積極備戰，並派出阿拉伯人密探，察看葡萄牙人的軍事實力。

　　在雙方對峙過程中，阿巴克奇與一群中國人有了初次的遭遇。當時夾雜在麻六甲港口的許多阿拉伯船隻和印度商船當中，有五艘來自中國的帆船。阿巴克奇為了要與中國建立商業關係，下令保護這五艘船隻，不准焚燒。

　　原來這五艘船隻是因為麻六甲與蘇門答臘島上的阿魯國為敵，而被麻六甲國王扣留在港內的。他原本是想利用這些中國人與阿魯開戰，沒想到卻把他們捲進了與葡萄牙人的僵持局面中。因此船上的中國人對麻六甲國王極度不滿。

　　葡萄牙人的到來給這些中國人提供了機會，他們趁著麻六甲人忙於備

戰，駕船投靠了葡萄牙人，主動向阿巴克奇示好，並表示願意提供船員和船隻，幫助葡萄牙人。阿巴克奇感謝他們的好意，但謝絕了他們的實際幫助。

不過，阿巴克奇要中國人多留幾天，看看葡萄牙人是如何攻打麻六甲，並將戰況報知中國皇帝。[9]

七月二十五日，阿巴克奇率領一千四百名部下和六百名爪哇兵向麻六甲人發動了總攻擊。他們首先占據了進入市區的一座橋梁。麻六甲守軍雖然也配備了五十門大砲和一些槍枝，但橋梁很快被占領。國王和他的兒子以及正巧前來準備迎娶他女兒的彭亨國王，騎著大象慌忙後撤，兩千名守軍以弓箭和帶毒吹箭擋住了葡萄牙人的追兵，不少葡萄牙人中箭而死，但是麻六甲國王也從大象上摔下，勉強逃過葡萄牙人的追擊。

由於麻六甲人的人數優勢，加上天氣炎熱，葡萄牙人沒有吃東西，攻勢受挫，退回橋上，準備建構防禦陣地，據守橋梁。麻六甲人趁勢強力反擊，葡萄牙人難以支撐，到了夜間，阿巴克奇只好下令撤回船上。第一次攻勢就此結束。

八月十日，阿巴克奇再度下令攻城。雖然這次麻六甲國王在橋上部署了一百門射石砲，但照樣難以抵擋葡萄牙人的凌厲進攻。橋梁失守後，葡萄牙船上的大砲大肆轟擊市區，壓制了麻六甲人的有效防禦。麻六甲王和他的兒子動用了三千人馬和許多大象，試圖逼退敵人的前進，但因市區的主要清真寺相繼被占領，只好下令撤守後方。入夜，葡萄牙人占有了橋梁。

雙方僵持了將近半個月，這當中，葡萄牙人從船商船上連續向市區砲轟了十天十夜，市區天天像著火一樣。八月二十四日，阿巴克奇向市區發動總攻擊，放手讓部下在全市搶掠戰利品，逃走不及的阿拉伯商人家屬悉遭屠殺。

麻六甲國王戰敗後，逃到了彭亨，並派員前往中國求救。

葡萄牙人方面，在這場進攻中，剿獲的戰利品不計其數，僅大砲就有三千門。其中約兩千門是銅製的，其餘為鐵製品。還有一門巨型大砲，是加

利卡特國王所送用來對抗葡萄牙人的。所有這些大砲都安裝在滾輪上，連葡萄牙人都承認比他們的優越得多。[10] 但是，不管麻六甲人有多少大砲、槍枝、吹箭、盔甲，所面對的卻是歐洲新興的頑敵，最後還是遭到了阿拉伯人一樣的慘敗下場。

阿巴克奇占領麻六甲後，打開了葡萄牙通往中南半島和中國的門戶。戰事一結束，他即遣使隨著因戰事動彈不得的中國帆船前往暹羅，向暹羅國王通好。他還派出了三艘船隻前往摩鹿加群島（Molucca Islands）尋找香料來源。

同時，阿巴克奇仍未忘懷占領紅海灣和忽魯謨廝的未竟事功，一五一二年，他回到了果阿，企圖進攻紅海要塞亞丁未果。

一五一三年，他派遣阿爾瓦雷斯（Jorge Alvares）率艦到中國尋找通商機

◆一五一一年，阿巴克奇占領麻六甲後，第二年開始建築防禦城堡，稱為法摩薩堡（A' Famosa）。他利用奴工，以拆除麻六甲王的王宮、王陵和伊斯蘭教堂的材料，建造了四方形的城堡，牆厚三米，但是，在一六四〇年為荷蘭人占領，予以擴建。一八〇七年，遭英國人用重砲摧毀，僅保留四個城門的一個，即僅存的聖地亞哥城門。此圖即為聖地亞哥城門，是歐洲人留在亞洲的最古老建築遺跡之一。

會。這位先行中國的葡萄牙人只到了珠江口的南頭島（即今香港機場所在地的大嶼山島），未能獲准上岸，但還是滿載著貨物回到了葡萄牙。[11]

一五一五年，阿巴克奇重返忽魯謨廝，試圖重新建立貿易據點。正逢忽魯謨廝出現內亂，國王權力被他的侄子篡奪，阿巴克奇幫助國王平息了這場內亂，終於達成了他在忽魯謨廝建立據點的夙願。但是，就在返回果阿途中，這位替葡萄牙建立了曠世功勳的人物，卻在將要進入果阿港的最後一刻，因難敵病魔而在海上與世長辭，享年六十二歲。

阿巴克奇最後未能見到他一心想要為葡萄牙打開的中國市場，不能不說是他一生的遺憾。然而，他的遺憾，卻牽動著後來中國甚至台灣的歷史發展軌跡。

因為，阿巴克奇如果在占領麻六甲後，不是西返印度，而是再接再勵，沿著中國人的航海路線北上，前往中國尋找通商據點，以他的強悍作風與作為，那麼中國很可能與其發生嚴重的衝突，甚至難以避免像果阿、麻六甲一樣的慘敗命運，被歐洲強權用槍砲打開市場的歷史，就要比鴉片戰爭提早三百多年上演。當然，十七世紀初期中國人與葡萄牙人、西班牙人和荷蘭人所交織譜寫的台灣早期歷史，也就更會因此全面改寫了。[12]

從皮雷斯出使中國到澳門的開埠

一五一五年九月，葡萄牙繼任印度總督阿伯加利（Lopo Soares de Albergaria）抵達果阿，隨行的艦隊司令安德烈（Fernao Peres de Andrade）奉國王之命，負有「發現中國」的重任，將在印度挑選一名使臣，共同前往這個古老的國家。[13]

當時正在柯枝的皮雷斯（Tom Pires）被新任總督選中擔任了出使中國的重任。皮雷斯是在一五一一年隨著增援阿巴克奇的船隻從里斯本抵達印度坎

諾的，他在阿巴克奇下面擔任藥劑師兼簿記員，九個月後，奉調前往葡萄牙人的新據點麻六甲。在麻六甲期間曾隨船隊前往爪哇採購香料。一五一五年年初，他帶著詳細記載印度洋周邊各國風土人情的歷史地理巨著《東方志》，又回到了印度，準備從柯枝回國。就在這個時候，他的命運與中國銜接了起來。

一五一六年，皮雷斯隨著安德烈率領的四艘船隻從柯枝出發，途經蘇門答臘島和麻六甲，沿著中南半島海岸航行，因遭遇暴風雨，又返回麻六甲。在那裡遇見了葡萄牙商人佩雷斯特羅（Rafael Perestrelo），他是一年以前乘坐中國帆船前去中國的。安德烈見到佩雷斯特羅發了大財，不願再耽誤行程，急忙前往蘇門答臘買了大量胡椒，準備再度啟程，在中國販賣。

幾經耽擱之後，一五一七年（明武宗正德十二年）六月，安德烈帶著八艘商船再度上路，在八月十五日抵達珠江口的南頭島，遭到中國水師發砲警告，經與水師指揮友好交涉後，被告知直接請示南頭島的備倭都指揮。安德烈照辦請示，對方回話須由廣州方面回覆。但等了幾天沒有下文後，安德烈就逕自率艦隊直接前去廣州。

在廣州，安德烈與當局行禮如儀，按照中國習俗客套商談後，皮雷斯終獲准上岸，留在廣州，準備以使臣身分北上京城，拜見正德皇帝。

安德烈在安排皮雷斯出使中國的同時，也同時派遣馬斯卡漢斯（Jorge Mascarenhas）前往琉球王國考察。但是，因麻六甲方面傳來召喚艦隊回去的消息，馬斯卡漢斯剛到漳州即被召回。一五一八年九月，安德烈一行啟程回航，回到麻六甲後，財富與名譽兼收。一五二〇年返抵里斯本，受到葡萄牙國王與王后的親自接見，殷殷查詢中國的詳細情況。

安德烈離開中國後，皮雷斯與五名葡萄牙人、一名來自忽魯謨廝的波斯人、兩名少年和五名從麻六甲帶去的中國人譯員，繼續在廣州耐心等待北京的消息。

一五一八年八月，安德烈的兄弟西森（Simao de Andrade）由國王直接指派，擔任赴中國艦隊司令，準備迎接皮雷斯回國。一五一九年四月，他從柯枝帶著一艘船隻出發，在麻六甲另有三艘中國帆船加入，同年到達了珠江口南頭島，但是，卻發現皮雷斯還留在廣州，見不到中國皇帝。

西森與其兄長的風格截然不同，他個性粗暴急躁，在南頭島期間，開始擅自在島上建築一座石頭砲壘，又虐待中國居民，甚至傳說買賣和綁架中國小孩，引起了中國官方極大的不滿。廣東御史上奏朝廷，要求驅逐。

一五二〇年（正德十五年）一月二十三日，皮雷斯一行終於獲准離開廣州，前往北京，途經粵北梅嶺，於五月到達南京。當時正德皇帝正好也在南京，卻因麻六甲國王的使臣也到了南京，向正德皇帝告了葡萄牙人一狀，而廣州方面也陸續傳來了西森惡行惡狀的報告，以致皮雷斯未能見到中國皇帝，只好又風塵僕僕，北上北京等候皇帝起駕回朝。沒想到次年農曆二月正德皇帝回到北京，因嬉戲落水，不多久就死了，自此皮雷斯等人的厄運開始降臨。

新皇帝世宗嘉靖登基，年紀才十四歲，朝廷下令皮雷斯等人回廣州等候，另五名來自麻六甲的中國譯員，除一人已經病死外，其餘四人則以「私通外國」和引入葡萄牙人的罪名，全部被砍頭，成為海外華人為中國與歐洲的外交犧牲的第一批人，他們的僕人則被販賣為奴。

皮雷斯一行於一五二一年五月下旬離京，九月下旬回到廣州。同時皇帝聖旨下達廣州，明令葡萄牙人將麻六甲交還麻六甲王，否則將皮雷斯等人關進大獄。

這時西森已經離開中國，要求通商的葡萄牙人不斷從麻六甲駕駛大船或乘坐當地經商華人的帆船到來。正德皇帝的死訊傳抵廣州後，下令驅逐葡萄牙人的上諭接著到來。廣東海道副使汪鋐在珠江以火攻方式襲擊葡人船隻，殺死多人。華人商船上的一些葡萄牙人見狀急欲離去，他們集結在三艘葡萄

牙大船上,在九月上旬皮雷斯返抵廣州之前撤離了中國,十月回到麻六甲。留在華商商船上來不及撤離的葡萄牙人和華商,全部遭到殺害或處死。

皮雷斯回到廣州後,中國官方強硬要求他寫信勸告葡萄牙當局撤出麻六甲,但是遭到拒絕,皮雷斯被關了起來。

另一方面,葡萄牙人繼續派船到廣東尋找經商機會。在麻六甲總督的訓令下,一五二二年(嘉靖元年)七月十日,四艘葡艦和兩艘中國商船組成的艦隊再度從麻六甲向廣州進發,於八月抵達南頭島。此次中國水師有備,葡萄牙艦隊在損失了兩艘大船和一艘中國商船後,逃回了麻六甲。

這次戰役後,廣州方面立即將皮雷斯等腳鐐手扣,關進大牢。皮雷斯等人不得不屈服,按照中國官方提供的一封信稿,分別寫了三封信給葡萄牙國王、葡萄牙駐印度總督和駐麻六甲總督,但是,因為找不到信使,直到翌年五月才有一艘載有十五名馬來人和十五名中國人的帆船從廣州出發,將信帶出。但是,這艘船因為停留大泥(北大年),信始終沒有送到葡萄牙人手中,可能是落到了失去了王國的麻六甲國王手中。

一五二二年十二月六日,中國官方發布告示,以海盜之名宣告處死八月戰役中捕獲的葡萄牙俘虜。次年(嘉靖二年)九月二十三日,這些俘虜共二十三人被凌遲處死,切成大塊,私器置入口中,在廣州城鄉示眾。後來,私器又被丟進糞堆之中。皮雷斯並沒有與這些俘虜一起被處死,他在一五二四年病死在牢裡。但是,也有人說,他被中國皇帝放逐,最後死在異鄉。後來有一位最早漂到日本的葡萄牙人平托(Fernao Mendes Pinto),在他的著作《漂遊記》(*Peregrinacao*)中提到,一五四三年他從南京前往北京途中,經過江蘇沛縣,遇見了一位稱為蕾莉婭(Ines de Leiria)的天主教婦女,自稱是皮雷斯的女兒,講了很多有關她父親的事情。[14]

中、葡兩國就這樣在雙方的相互失誤中,錯失了初次發展關係的機遇。此後葡萄牙人只能以走私者的身分進入舟山群島,與浙江、安徽和福建的私

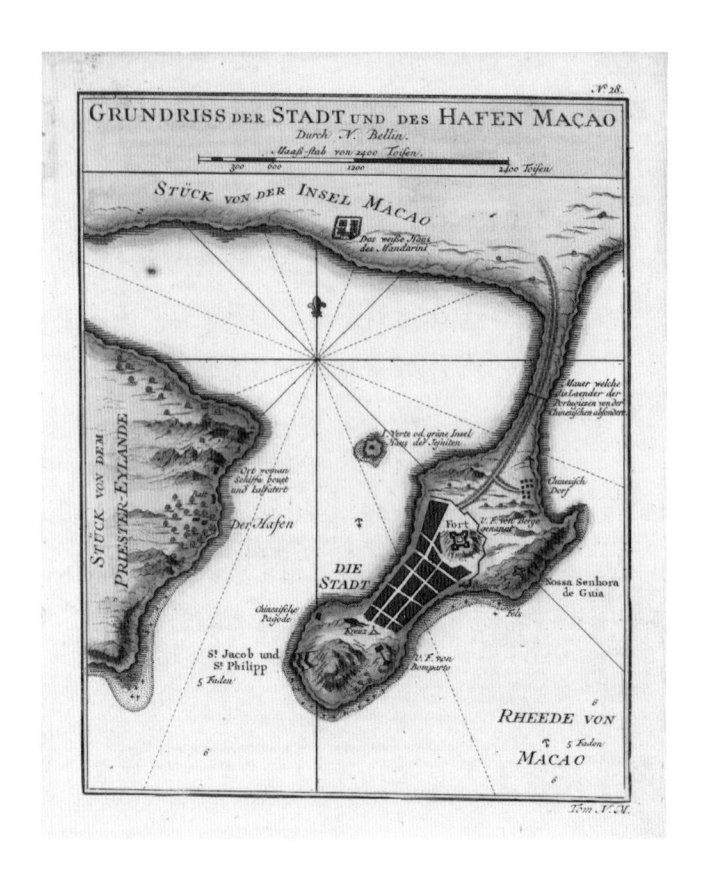

◆一七四九年巴黎出版的澳門全圖（作者收藏）。

商交易。在遭到浙江巡撫朱紈掃蕩後，又退到漳州月港、浯嶼一帶活動，經明軍乘勝追擊，走投無路之餘，再度回到珠江口西南側海面，先是在浪白澳（今珠海市西南側的南水鎮，澳音「教」）、上川島搭建茅屋，充當臨時居所，並慢慢形成勢力，最後在澳門長期定居了下來。[15]

隨著葡萄牙人的到來，閩南一帶居民大量湧進了澳門，成為澳門人口的主要組成分子，所謂「閩之奸徒聚食於澳，教誘生事者不下二三萬人」，正是這一時期澳門的寫照。[16]

● 註釋

1. 摩爾人（Moors）為當時葡萄牙人對阿拉伯人和波斯人的泛稱。但這一稱呼原先是指八世紀至十五世紀自西北非洲入侵和占領西班牙南部的阿拉伯人。

2. Braz Dalboquerque（阿巴克奇兒子）原著，*The Commentaries of the Alonso Dalboquerque*（《阿巴克奇傳》），葡萄牙文一七七四年版，共四卷，原英國Hakluyt Society翻譯出版，紐約Burt Franklin重印，第七十九～八十四頁。

3. 帖木兒王朝滅亡後，統治著烏茲別克（Uzbekistan）費干納城（Fergana）的殘存宗室子弟，也是帖木兒的曾孫（他的母系是成吉思汗的後人）巴布爾（Zahiruddin Muhammad Babur）被趕出烏茲別克後，過著兩年的流浪生活。一五〇四年，他流亡到阿富汗，占領了都城喀布爾，並以此為基礎，五次渡過印度河，侵入印度，最後在德里建立了印度史上著名的莫臥兒伊斯蘭王朝（Mughal Dynasty）。在其孫子阿克巴統治的時期，統一了印度北部的許多小邦，領土延伸到阿富汗，文學、藝術、建築達到高峰。到十八世紀初期，除了印度半島最南端一小部分外，領土幾乎涵蓋了整個印度次大陸。但是，進入十九世紀以後，治下各土邦紛紛脫離，名存實亡，一八五七年印度的新統治者大英帝國宣告其滅亡。

4. 《阿巴克奇傳》第一卷，第一一二～一一四頁。

5. 同上，第一卷，第一二二～一三〇頁。

6. 同上，第三卷，第九～十六頁。

7. 同上，第三卷，第十六頁。

8. 同上，第二卷，第三十一頁和七十四頁。

9. 同上，第三卷，第九十八～九十九頁。

10. 同上，第三卷，第一二七頁。

11. 見《開啟台灣第一人鄭芝龍》，第十三頁。

12. 阿巴克奇最後一次進攻忽魯謨廝時，共動用了二十七艘船隻，因此，是具有迫使中國讓步、向其提供貿易據點的相當軍事實力的。由於葡萄牙人每到一地，只是要求對方提供貿易據點，並允許建造供其自保的防禦城堡，並非攻城掠地、搶占大片領土，以其當時的海上實力，相對於明朝在海禁下的守勢水師，單是搶走舟山群島、珠江口的香港島或澳門半島，甚至沿海一些口岸或鄰近台灣的澎湖島，並非沒有可能性。

13. 《東方志》，引言部分，第xxvii頁。

14. 以上有關皮雷斯的事蹟，主要取材自《東方志》，引言部分，第xviii至lx頁。

15. 葡萄牙人占領澳門的過程，見《開啟台灣第一人鄭芝龍》，第十五～十七頁和第三十三～三十五頁。

16　《崇禎長篇》卷三十四,明朝給事中盧兆曾對閩人大量聚居澳門的情況所作的描述。見李國祥、楊旭主編,薛國忠、韋洪編,《明實錄類纂——福建台灣卷》,武漢出版社,一九九三年,第二五五頁。

6

第六章
東亞貿易時代的來臨

霍木茲（忽魯謨廝）、果阿和麻六甲等地的先後淪陷，以及澳門的開埠，徹底摧毀了波斯人、阿拉伯人、印度人經營了長達一千年的貿易網絡，也相當程度地切斷了中國海商與波斯和阿拉伯世界的交往。從此，印度洋上有了新的主人，葡萄牙人的大船取代了阿拉伯商船和中國帆船，中國海商的帆影慢慢在阿拉伯世界和印度次大陸消失，麻六甲和蘇門答臘一帶，成為中國海船新的遠航終點。

在歐洲大陸，葡萄牙對亞洲貿易的獨占與壟斷，給這個邊陲小國帶來了引起各國嫉恨的鉅額財富。一場新的海洋競爭正在形成，競爭的重點出現在中國沿邊水域，而首先突破葡萄牙人獨占局面的卻是同屬天主教信仰的西班牙人。

西班牙人抵達菲律賓

在葡萄牙人大事擴張海外事業的同時，相鄰的西班牙也加緊尋找前往東方的新航路。

一五一九年，曾經參加過征討麻六甲王國戰役的葡萄牙人麥哲倫（Ferdinand Magellan）回國後，因不滿葡萄牙當局未能給予應有的金錢獎勵和生活照顧，宣布放棄葡萄牙國籍，投奔西班牙王室。他向西班牙人透露了葡萄牙人發現香料群島摩鹿加的祕密。西班牙王室認為在葡、西兩國瓜分世界的《托德希拉斯條約》中，¹摩鹿加群島理應歸屬西班牙，於是決定委託麥哲倫前去探尋。麥哲倫接受了這一委任，率船繞過了南美洲尖端，在一五二一年三月從太平洋方向抵達了菲律賓。這一新航路的發現，促成了葡、西兩國在亞洲的劇烈商業競爭。

一五六四年（明世宗嘉靖四十三年），西班牙船隊自墨西哥抵達西太平洋，首占菲律賓宿霧（Cebu）。一五七〇年（明穆宗隆慶四年）又進占馬尼

Prima ego velivolis ambivi cursibus Orbem,
Magellane novo te duce dukta freto.
Ambivi, meritoq; vocor VICTORIA: sunt mî
Vela, alæ; precium, gloria; pugna, mare.

◆葡萄牙人麥哲倫率領西班牙艦隊繞經南美洲尖端後橫渡太平洋，於一五二一年三月航抵菲律賓中部島嶼宿霧，但因捲入鄰近小島島民首領之間的糾紛，為反抗他們的島民殺死。剩餘的同伴繼續向西返航，繞過非洲南端的好望角，於次年九月回到了西班牙，完成人類首次地球環球航行。圖為完成人類首次環球壯舉的維多利亞號。

拉，與中國貿易商人初次遭遇，從此建立了與中國貿易商的聯繫。

宿霧是菲律賓群島西邊的一個小島，西班牙人初抵達時，對中國的印象非常模糊，但他們的正式官方文書，透露了想要與中國貿易的強烈願望。

一五六七年七月二十三日，西班牙占菲律賓總督兼西方群島遠征艦隊司令利加斯皮（Miguel Lopez de Legazpi）在寫給國王菲利普二世（Philip II）的信中提到，為了保護宿霧和周圍的島嶼，使其不受占據摩鹿加群島的葡萄牙人攻擊，必須建造六艘西班牙式大帆船，派遣軍官和工匠。這些船隻造好後，甚至可以遠航到中國海岸，「與中國大陸貿易。那將是非常有利可圖的一件事」。[2]

第六章　東亞貿易時代的來臨

同一信中還提到，離開宿霧西北不遠，有呂宋和民多洛兩個大島，中國人和日本人年年前往貿易，帶去絲、羊絨布、鐘、瓷器、香水、鐵器、錫器、有色棉布和其他小用品。帶回去黃金和蠟。這兩個島上的摩洛人（指當地信奉伊斯蘭的島民），買了中國和日本東西後，又帶到其他島嶼交易，其中也有些人到宿霧買賣。

同年七月二十六日，宿霧的財庫官員在給國王的信中提到，呂宋島和民多洛島的摩洛人將大米和黃金帶到宿霧，交易白銀和珍珠。這些摩洛人告訴西班牙人，中國人到他們的島上買賣，買去兩地的所有東西，其中有黃金、蠟和奴隸。

一五七〇年，在宿霧的西班牙人出兵進攻菲律賓最大島嶼呂宋，打算占領島上的最大港市馬尼拉。

初遇「生理人」

根據一位西班牙出征者的記載，在西班牙人進兵呂宋的過程中，首度與南下的中國商人遭遇了。由於隆慶元年（公元一五六七年）明朝有限度開放海禁，允許漳州月港居民出海南下貿易，一時菲律賓各島出現了不少漳州商民，當地土著以閩南發音的「生理人」稱呼他們，西班牙人也就照音以「Sangleys」稱呼這些商民。但是，這些閩南商民與西班牙人的初次遭遇卻是在不愉快的情況下發生的，記載中有這樣的描寫：「一五七〇年五月八日，軍事指揮官戈蒂（Martin de Goiti）帶著九十名長銃銃手和二十名船員登上了以下船隻：約五十噸裝有三支大砲的中式帆船『聖米格爾號』（San Miguel）、快船『烏龜號』（La Tortuga）和宿霧島與帕奈島（Panay）土人操作的十五隻『帕勞』船（Praus，一種源自馬來亞的雙桅平底小划船）。」

「向西北方向航行兩天後，……抵達了民多洛島。這裡也稱為『小呂宋』。……軍事指揮官得到消息，在離我們泊船處約五個里格

（nautical leagues，當時西班牙計算海上航程的長度單位，每一里格約相當於七・八公里或四・二海浬）的河中，停著兩艘來自中國的船隻，當地土人都把中國居民稱作『生理人』。指揮官看天候不對，吹著西南風，不能派出大船，便派出薩爾斯多隊長（Captain Juan de Salzedo）帶著土人的帕勞船和筏船偵測這兩艘中國船，並要求與中國人友好和平相處。但是，這項行動還沒開始，西南風已越吹越大，我們的人不得不留在停泊處，在一個海岬後面找到地方過夜。……天剛亮的時候，比其他船隻先走的帕勞船抵達了中國船隻停泊的河流處。那些中國人可能是聽到了西班牙人出現的消息，或是因為聽到了長銃（arquebuses）的槍聲，都站出來排在一起，升起前桅帆，敲鼓奏樂，發射火箭和小砲（culverins），一副要打仗的樣子。看到他們很多人在甲板上，拿著長銃和出鞘的刀子。西班牙人並不是省油的燈，對中國人的挑戰不但沒有卻步，反而大膽勇敢地向中國船隻發動攻擊，像平常一樣勇氣十足，與中國人廝殺起來。這不免過於魯莽，因為中國船隻又高又大，而帕勞船又低又小，幾乎還抵不上敵人船隻的一根柱子。但是，長銃銃手瞄得既好且準，中國人不敢離開他們藏身之處，因此，西班牙人順利地爬上了他們的船隻，將這兩艘中國船俘虜。」

「兩艘船上共有大約八十名中國人；約有二十人在戰鬥當中被打死了。士兵們搜索了中國人藏著最寶貴物品的艙間，發現了織好的絲布與一束一束的絲、金絲、麝香、鑲金瓷碗、一匹匹棉布、鑲金水壺和與船隻大小不相稱的少數其他珍奇物品。兩艘船甲板上都裝滿了陶罐和陶器、大的瓷器花瓶與盤碗，以及稱為sinoratas的一些細瓷罐。他們也發現了中國人購買的鐵、銅、鋼和小量的蠟。」

「士兵們把拿自中國船上的物品妥善藏好後，薩爾斯多船長也搭乘擔任後衛的帕勞船一起來到。對於給中國人帶來混亂破壞，他很生氣。與大船一起殿後的指揮官戈蒂在聽到了所發生的事情後，更是不高興。等船下好錨，與中國帆船一起在巴托河（發現兩隻中國船的地方）停泊妥當，他就急急忙忙向中國人解釋說，他對他們的不幸感到非常遺憾，但是他們

實在不應該襲擊西班牙人。不過，他還是表示，他不但要放他們回去，還要給他們一條船，讓他們可以暢通無阻地搭乘這條船回到自己的國家，另外還可以帶上航行所需的一切必需用品。客氣的中國人，聽了這些話後千恩萬謝，跪了下來，並興奮地大叫大嚷。」

火燒馬尼拉

西班牙人進兵途中，在民多洛島稍事停留後，隨即攻占了呂宋島東南方早有中國商人往來的大鎮巴蘭亞（Balanya），並釋放了被守鎮的摩洛人拘禁的兩名中國人。兩人被抓，是因為有兩艘中國商船聽到西班牙人到來，想要逃離，但是摩洛人卻不准中國人離去，雙方爭執當中，一艘中國船發射了小砲，把一名摩洛人頭領打死了，憤怒的摩洛人便將全部的中國人抓了起來，剝下他們的臉皮，然後丟在蘆葦雜草上。西班牙人進鎮的時候，還看到有些人的臉上仍血流不止。

攻下巴蘭亞鎮後，西班牙人接著進襲馬尼拉城。馬尼拉城是一個有大砲防守的城市，附近市鎮林立，人口茂密。在馬尼拉灣停泊著四艘中國商船。西班牙指揮官戈蒂的船到來後，中國人很快就用小船載著「白蘭地、母雞、去殼大米，幾匹絲布和沒太多價值的小東西」去見這位指揮官，向他抱怨摩洛人用武力把他們的船舵搶走了，而且不付錢就拿走了船上最貴的貨物。

透過常到宿霧與西班牙人交易的一名摩洛人的關係，馬尼拉王蘇里曼（Raxa Soliman）與戈蒂歃血為盟，並提供了馬尼拉灣沿岸附近四十個城鎮的名單。但戈蒂從一些跡象判定蘇里曼將發動偷襲，遂先下手為強，發起突襲，一下子攻占馬尼拉城城砦正面的大砲防禦工事，繳獲了十三門不同尺寸的大砲。接著西班牙人開始放火焚燒這一商業繁盛的市鎮，大火很快蔓延開來。

在西班牙人與摩洛人展開戰鬥時，停泊在馬尼拉灣的四艘中國商船投到了西班牙人的一邊，將船駕到西班牙船旁邊，躲避風險。

　　西班牙人火燒馬尼拉城後，在河口等了兩天，但是並沒有任何摩洛人出面與他們交涉。戈蒂見手下人手不足，無法進入內陸，而西南風又要來臨，大船就快走不了，於是決定馬上帶著中國人和他們的四艘船隻一起離開。

　　由於中國船上除了一些大陶甕和瓷器以外，已經沒有什麼貨品可以交易，許多西班牙船員就用不值錢的小玩意與這些中國人交換被視為奇貨的蠟。西班牙人發現，「中國人很客氣，彼此之間似乎守著某種禮數和規矩。」

　　就這樣，西班牙人與中國人交上了朋友，這種友誼促成了閩南商民與西班牙人開展長期交易的念頭。他們向西班牙人提供了保證海上航行安全的白布條，並蓋上大印，應允第二年回來建立生意關係。

生理人不斷南下呂宋

　　一五七二年八月，首任西班牙總督利加斯皮在馬尼拉過世，繼任人拉維扎理斯（Guido de Lavezaris）在一五七三年六月二十九日給西班牙國王菲利普二世的信中，提到了中國商人不斷前往馬尼拉與西班牙人交易的情況，這時西班牙人已經正式占領呂宋島，將馬尼拉作為統治所在地：

　　「中國船隻每年來到這個島嶼（呂宋）的許多港口交易。可以肯定，中國大陸很靠近我們，不到兩百里格。」

　　「中國人一直前來這裡交易，我們到來以後，總是想方設法好好對待他們。因此，在我們居住這個島嶼的兩年期間，每年都有很多中國人和更多的船隻到來，而且比以往來得更早，所以與他們的買賣是跑不掉的。……從他們開

始和西班牙人做生意以後，每年都帶來更好和花樣更多的物品。如果新西班牙（即墨西哥）的生意人能夠來這裡交易和開礦，他們可能會賺很多錢。」

一五七四年七月十七日，拉維扎理斯在寫給西班牙國王的信中又提到：

「因為我們對中國人一直很好，他們每年的生意量越來越大，向我們供應了糖、小麥和大麥麵粉、核果、葡萄乾、梨子、橘子、絲、優質瓷器和鐵器之類的東西，還帶來了他們到來以前這裡所沒有的其他小東西。今年他們給了我一幅他們自己畫的中國海岸地圖，現呈給陛下。」

英國東印度公司的崛起

到了十六世紀後期，在葡、西兩個天主教國家的刺激下，伊麗莎白女王（Queen Elizabeth I）治下的英國首先加入了搶奪海外航運利益的行列，正在反抗西班牙暴力統治的荷蘭，也急起直追，後來居上。

就在西班牙人進入菲律賓之前一年的一五六三年，英國人德雷克（Francis Drake）首度闖進了西班牙人獨占的加勒比海腹地。一五七七年，德雷克在英女王的祝福下，帶著五艘小船，再度闖入西班牙人的海外水域，並繞道麥哲倫海峽，自太平洋抵達葡萄牙人勢力下的摩鹿加群島，最後經南非好望角返回英國。

德雷克繼麥哲倫之後的環球壯舉，開拓了英國人對南海諸島的視野。一五八〇年西班牙國王菲利普二世兼併葡萄牙後，里斯本禁絕了與西班牙為敵的英、荷兩國的船隻往來，為了尋找香料來源，一位倫敦商人菲奇（Ralph Fitch）在一五八三年一月從英國出發，循著葡萄牙人的航道抵達了阿拉伯半島和果阿，並經由印度腹地和緬甸，於一五八八年航抵麻六甲。

一五九一年菲奇回到了英國，一五九八年在倫敦出版了他的航行記事，書中詳細記載了印度的富庶和葡萄牙人在印度的腐敗。這本書受到了倫敦商人的極度重視。

一五八八年七月英國人擊敗了西班牙人的無敵艦隊。過了兩個月，繼德雷克之後又一完成環球航行壯舉的英國航海家凱文迪西（Thomas Cavendish），航經菲律賓和好望角回到了英國。在他的大力推動下，一群倫敦商人上書英國女王，請求賜與經營東印度（當時歐洲人對印度洋到南海諸島的水域和地域的通稱）的特權，經伊麗莎白女王賜准後，他們出資的三艘船隻，由蘭卡斯特（James Lancaster）率領，於一五九一年春天從普利茅茨港（Plymouth）出發，途中歷經艱困，在一五九四年完成了遠航馬來半島的往返航行。去程，共有一九八人與他一起繞經好望角，回到英國時，只剩下一條船隻和奄奄一息的二十五個人。[4]

緊接著蘭卡斯特之後，英國商人又陸續發出了數批前往東印度的船隻，但都因為船難和船員在航行途中的大量死亡而以失敗收場。然而，倫敦商人憧憬著亞洲貿易可能帶來的鉅額利潤，並不為這些失敗所動。

一五九九年九月下旬，雄心勃勃的倫

◆繼葡萄牙人麥哲倫的船隊之後，在一五八〇年完成了人類第二次環球航行壯舉的英國人德雷克，引領英國加入了大航海時代西歐國家的全球海洋競爭。圖為德雷克畫像。

敦商人再度聚會，商討認股成立公司再度派船東征的大事。公司設定由董事十五人管理。

正好這時葡萄牙人和壟斷歐洲香料市場的荷蘭商人抬高了胡椒價格，伊麗莎白女王本人也急於促成英國對東印度的經營，所以在一個月後，指示這些商人向掌璽大臣取得航行特許。但好事多磨，受到了少數宮廷大臣們的百般刁難。

一年後，商人們不顧反對大臣們的阻撓，自行購置了船隻，招募航行人員。在十六世紀的最後一天，英女王獨排宮廷眾議，簽署了文件，允許公司的兩百一十八名股東獨占東印度的經營特權十五年。公司可隨時從英國運載必要數量的白銀，在亞洲從事貿易。這就是馳名後世一直存在到十九世紀下半期的英國東印度公司（British East India Company）。

公司的第一次遠航，由到過東印度的蘭卡斯特領軍。五艘船隻在一六〇一年二月緩緩駛出了泰晤士河（The Thames），途經馬達加斯加島和印度洋東側的尼可巴群島，在翌年六月初抵達了蘇門答臘島西端的貿易重鎮亞齊，也就是中國人所稱的南浡里國。在亞齊，船隊見到了來自印度古吉拉特邦（即明朝所稱的胡茶辣）、加利卡特、孟加拉和馬來半島的貿易船隻。[5]

為了尋找能夠與葡萄牙人的麻六甲港匹敵的商業基地，蘭卡斯特雖然在亞齊受到當地土王的盛情接待，但還是領著船隊繼續東進。在進入麻六甲海峽時，遇見了一艘即將駛向麻六甲港的葡萄牙「克拉克」大船（carrack）「聖安東尼」號（Santo Antonio）。葡萄牙船雖然體積遠遠大過英國船，但在措手不及的情況下，很快就被英國人俘獲。蘭卡斯特的手下用了整整六天的時間，才將葡萄牙船的貨物完全搬到自己的船上。

英國船隊繼續東進到爪哇島西端的萬丹（Bantam或Banten）。這是葡萄牙人立足麻六甲以後的新興港市。蘭卡斯特在這裡設立了一家商館，處理從葡萄牙船搶來的貨物和在當地購買的香料。一六〇三年二月，他帶著滿載香

料的船隊返回英國，九月回到了泰晤士河。臨走，他還留下了一些館員處理商務，並且設法繼續東進香料群島摩鹿加，以便尋找香料來源。

荷蘭東印度公司的挑戰

就在英國人搖晃起步的同時，力求掙脫西班牙人暴力統治的荷蘭商人，也開始了挑戰葡萄牙人與西班牙人海外地位的艱辛歷程。

但是，激起了荷蘭人角逐東方貿易雄心的，則是《東印度航行記》（*Itinerario*）一書的出版。

撰寫這本書的是一位到過印度果阿的荷蘭人林士登（Jan Huyghen van Linschoten）。

一五八三年，林士登二十歲的時候，跟隨葡萄牙主教從里斯本出發前往果阿教區就任，擔任助手。

他在果阿一住五年，本來想到中國和日本去看看世界，但是因為主教去世而失業，只好收拾行囊回國，在一五九二年回到了荷蘭。回國後根據在東印度的所見所聞，出版了長達五卷的《東印度航行記》，其中詳載航道和航向的一卷在一五九五年出版，受到幾個阿姆斯特丹商人的高度重視。由他們出資的首次亞洲航行，參照了這本書提供的資料，早於英國人到了爪哇島。

他在書中指出：「在爪哇，人們可以暢通無阻地買賣（香料），葡萄牙人並不到那邊去，因為有很多爪哇人自己跑到麻六甲出售他們的貨物。」[6]在葡萄牙人已經幾乎占領了從印度到南海的所有商業據點後，林士登提供的爪哇資訊，無疑給荷蘭商人投入香料行業，帶來了無窮的希望。

一五九五年，由四艘船隻組成的第一支荷蘭船隊，在曾經奉命前往里斯本充當商業間諜的首席商務員郝德曼（Cornelis de Houtman）的率領下，繞過了好望角，抵達爪哇萬丹。但是，因為郝德曼不滿當地香料價格高昂，荷蘭

◆荷蘭人林士登的《東印度航行記》刺激了其國人競爭海外貿易的雄心。圖為《東印度航行記》的林士登本人畫像。

人這次並沒有在此建立據點。

　　兩年多後，郝德曼和他的船隊回到了荷蘭。次年，又有六批荷蘭船隊出航東印度，其中一批八艘船隻是由范聶克（Jacob van Neck）和韋麻郎（Wybrand van Warwijck）率領，循著同一路線來到了萬丹，再過一年回到荷蘭。

　　同年（一五九九年，明萬曆二十七年），范聶克單獨率領一支船隊前往摩鹿加群島，與葡萄牙人爭奪香料來源，但為葡萄牙人趕走，隨後轉向暹羅，最後於一六〇一年率領兩艘船隻抵達澳門，要求與中國通商。這是荷蘭人首次接觸中國。

　　在太監稅使李道的安排下，范聶克進入了澳門，停留了一個月，要求與中國通商，但始終不得要領，而葡萄牙人又從中作梗，不得已只好率船離去。

　　一六〇二年，荷蘭商人為了與英國人競爭，一些分散的公司組成了聯合東印度公司，專事經營東方貿易業務。

　　這年六月，公司派韋麻郎率領龐大船隊再度從荷蘭出發，於次年四月底抵達萬丹，正式建立了商館。六月他分遣兩艘船隻進攻澳門，遭到葡萄牙人的激烈抵抗，荷蘭人失敗後回航到馬來半島上有許多閩

南商人聚居的大泥（北大年）。

韋麻郎在大泥結識了漳州商人李錦、潘秀等人，他們出主意要他買通主管福建稅務的宦官高寀，並相機占領澎湖。韋麻郎照計行事，在大泥積極招募船員和通譯。

一六〇四年六月二十七日，他從大泥出發，計畫先到澳門，再轉澎湖，但因遇到大風，改而直航澎湖。他抵達澎湖的日期是八月七日。

當時澎湖為明朝的汛地，分春、冬二季防守。韋麻郎抵達澎湖之時恰逢無汛兵防守季節，如入無人之境。就這樣前後三艘船隻數百名荷蘭人分別抵達，澎湖初次為外人占領。

韋麻郎占領澎湖後，立即派李錦潛往福建漳州與潘秀聯絡，但事機不密為當局逮捕，隨後明朝官員又將李錦釋放，要他轉告荷人撤出澎湖，荷人拒不相從。

雙方來來往往，加上太監高寀夾在當中收取荷人巨額賄賂，明朝官員內部對處置荷人意見不一。最後，福建巡撫徐學聚奏明朝廷兵部，並下令福建總兵施德政和浯嶼把總沈有容負責驅逐荷人。兩人在金門料羅灣調集水師，十一月十八日沈有容抵達澎湖，直接面見韋麻郎，韋麻郎見情勢不妙，採取拖延戰術，希望高寀代向明朝朝廷疏通。沈有容不願韋麻郎久拖不走，再度施以兵威，韋麻郎不得已只好在十二月十五日揚帆離開澎湖。總計荷蘭人在澎湖停留了一百三十一天。

東亞貿易時代的來臨

隨著荷蘭人將注意力轉向潛力龐大的中國市場，遠在東北亞的中國近鄰日本，也無意中成為歐洲人的另一角逐焦點，並帶動了閩南海商加入這場市場爭奪。

自古以來中國與日本的海上貿易交往，遠不如與南海、印度洋各國的密

切。早在東漢光武年間（公元五十七年），日本就已經派遣使臣到中國，唐朝以後，兩國的外交、文化來往，更有了大幅提昇，但是在宋、元兩代大力發展南向海上貿易時期，東向的對日貿易關係，反顯得相對薄弱，即使一些中國海商也私下到日本貿易，但多出自浙江寧波、台州一帶，作為當時中國海外貿易主力的閩南海商，反不多見。[7]

明朝勃興，日本島民不時入寇山東、浙江、福建沿海州縣，太祖洪武二十年（公元一三八五年）命江夏侯周德興前往福建四個郡縣建立衛所，防範倭寇。後又命信國公湯和整飭浙東海防，築城五十九座，並在福建、廣東等地大量建造舟船，相機捕寇。[8]

中、日之間的海防對峙態勢，對東亞貿易格局的形成，乃至台灣由一個原始島嶼蛻變為重要的國際轉口貿易島的過程，產生了深刻的影響。

公元一五四三年，三名葡萄牙人因遇風暴，漂到了日本九州南方的種子島，從此開啟了葡萄牙人與日本的商業往來。[9]一五四九年耶穌會教士沙勿略（Francis Xavier）進入日本傳教後，日本社會更開始經受西方天主教的衝擊。

一五五〇年，在平戶島藩主松浦隆信的招商政策下，九州西南邊陲的這個小島，迎來了首艘葡萄牙貿易船。之後，因葡萄牙人與平戶藩主關係惡化，在一五七一年以後，將貿易據點轉移到了九州島南方離平戶不遠的長崎。

長崎這個過去名不見經傳的港口，是在一五六二年才因中國商船的到來，而從一個封閉的小漁港開始發展成為貿易港口的。葡萄牙人到來後，又一躍成為澳門葡萄牙人經營中、日貿易的國際港口。歐洲的煙草、衣料和中國的絲綢、瓷器，源源經由這裡湧進了日本市場，九州島民或以葡萄牙船隻僱用船員的身分，或自行駕著小船，開始從長崎遠航到原屬中國商民活動範疇的馬尼拉和麻六甲各地。[10]

一六〇〇年，一艘荷蘭船從太平洋方向漂到了九州，自此，荷蘭與日本建立了初步關係。[11]

一六〇九年荷蘭人在平戶島上設立了商館。荷蘭人利用平戶的優良港灣地位，與立足長崎的葡萄牙人展開了激烈的商業競爭。在中國禁絕對日直接貿易的情況下，葡萄牙人一度利用長期在澳門、長崎之間通商的優勢，壟斷了中日之間的貿易。荷蘭人的加入角逐，打破了葡萄牙人的這種壟斷。

另一方面，西班牙人占領呂宋後，透過在馬尼拉居住或經商的日本商民和自長崎南下的日本船隻，慢慢形成了對日本的初步認識。但是，一連串的事件，使西班牙人的對日關係，發展得很不順利。

一五九六年，一艘準備從馬尼拉返回墨西哥的西班牙船「聖菲利普號」（The San Flipe）在日本外海遇到船難，被拖到了平戶，船上貨物被日本統治者豐臣秀吉下令沒收。在日本的西班牙傳教士出面，鍥而不捨地要求日本人發還這些貨物，為此大大激怒了豐臣秀吉，成為這位日本統治者開始全面打擊天主教傳教活動的導火線，許多天主教士被釘在十字架上燒死。

不久又傳出了豐臣秀吉準備遠征馬尼拉的風聲，長崎港內裝備了不少戰船和招募了不少隨船出征的中國船員。駐守馬尼拉的西班牙人，因防禦力量單薄，一時風聲鶴唳。

但是，隨著一五九八年豐臣秀吉病逝，繼掌日本統治大權的德川家康為了擴大對外貿易，在一六〇二年派出了使者前往馬尼拉，謀求改善與西班牙人的關係。西班牙人也派出使者前往日本回報，兩國恢復了商業聯繫。

過後不久，又再度發生了一艘西班牙船在平戶遭到攔截的事件，德川下令放行，並發給了八張允許西班牙船自由進出日本的「朱印狀」（通行證）。

在德川家康的開放政策下，長崎、平戶變成了日本對外貿易的最主要港口。一六一三年，英國東印度公司的船隻也來到了平戶，在離荷蘭商館不遠處，開辦了他們的商館。[12]

這些在日本的歐洲人勢力，相互排擠得很厲害。為了各自的商業利益，

他們一直在想方設法打擊對手，謀求自己最大的獲利。但是在這個環境中卻有一群跨國商人，能夠周旋在歐洲人當中，如魚得水，左右逢源。他們就是來自中國的閩南海商。

中國商人早在葡萄牙船首航平戶貿易之前，就已經與平戶建立了貿易關係。一五四二年（明嘉靖二十一年），安徽徽州商人王直來到此地，備受島主松浦隆信禮遇，開始了他與日本之間的貿易往來。[13]

一五六二年中國商船首度進入長崎後，中國商人在平戶和長崎之間建立了犄角聯繫，慢慢形成了自己的綿密商業網絡。他們周旋於日本人與葡萄牙人之間，成為中國商品進入日本市場的重要管道。

初期，這些商人以活躍在舟山一帶與葡萄牙人交易的徽幫和浙江商人為主，慢慢地，福建商人也形成了大股勢力。到西班牙人入主馬尼拉後，隨著閩南商民大量湧向菲律賓，其中一部分商人也由馬尼拉轉向九州發展，從事日本、中國與南海各國之間的三角貿易。到了十七世紀初期，這些閩南海商，已是長崎和平戶兩地相當活躍的一股力量。他們與歐洲人分庭抗禮，既很大程度壟斷了中國貨物對日本的輸出，也成為歐洲人尋求開拓中國市場所不可或缺的中間商人。

在這些歐洲人和中國商人的運作下，從十六世紀末期起，一個聯結馬來半島、中南半島、菲律賓、中國和日本的東亞海上貿易網開始出現，過去以南海和印度洋各國與中國之間的貿易網絡所代表的亞洲貿易格局，自此添加了東亞海域的新範疇。中國周邊的日本、琉球和後來為荷蘭人占領的台灣，也因此逐步成為歐洲人所開拓的全球貿易網中的一環。

對歐洲人來說，這個新興的東亞貿易網，其重要性在於提供一個打開他們渴求的中國貿易的機會，儘管在當時明朝朝貢貿易的制約下，這個機會仍是十分渺茫。但是在中國禁止對日直接貿易的背景下，荷、英兩個基督新教國家與信奉天主教的葡、西之間，為了贏得德川幕府的最大信任，從而成為

◆在十六、七世紀東亞貿易競爭激烈的年代,在台灣成為荷蘭人殖民地之前,澳門居於對日和對東南亞貿易的樞紐地位。圖為現代澳門全景。

對日供應中國商品的最大中間商,彼此之間一方面鉤心鬥角,相互打擊對手,一方面又極力拉攏他們可以利用的中國商人,以期取得對華貿易的絕對優勢。因此,圍繞著長崎和平戶兩地,也就出現了不少由「南蠻」[14]冒險家與東方商人所交織譜寫出來的大時代插曲。

●註釋

1 見上章。

2 以下有關西班牙人與中國商人早期接觸的過程說明，均取材自：一九〇三年版 Emma Helen Blair and James Alexander Robertson, *The Philippines Islands, 1493-1898*（《菲律賓群島，一四九三～一八九八年》），The A. H. Clark Co. 出版，Cleveland，一九〇三年。全書共五十五卷，可從以下網址下載閱讀：http://www.gutenberg.org/ebooks/author/2296?sort_order=title。

3 西班牙人原稱北非一帶的伊斯蘭信徒為摩爾人（Moors）。他們侵占菲律賓後，發現當地居民也信仰伊斯蘭，遂稱呼他們為摩洛人（Moros）。

4 Giles Milton, Nathanoel's Nutmeg，*How One Man's Courage Changed the Course of History*（《改寫歷史的人》），Sceptre出版社，一九九九年，第五十二頁。

5 同上，第八十五頁。

6 Arthur Cock Burneli 整理，Jan Huyghen van Linschoten（林士登）一五九五年原著，*The Voyage of John Huyghen van Linschoten to the East Indies*（《東印度航行記》），紐約 Burt Franklin 重印，第一卷，第一一二頁。

7 （明）李言恭、郝杰著，《日本考》，汪向榮、嚴大中校注，中華書局，二〇〇〇年，第六十～六十一頁。

8 《明史》,〈列傳第二百十　外國三　日本〉。

9 一五四三年是根據日本正史的記載，但據自稱最早漂到日本的葡萄牙人旅行家平托的旅行記載，他是在一五四五年漂抵種子島的。見 Fernao Mendes Pinto 原著，Rebecca D. Catz 編輯和翻譯，*The Travels of Mendes Pinto*（《平托旅行記》），芝加哥大學出版社，一九八九年，第二七二頁（葡萄牙文第一版出版於一六一四年）。

10 Antonio de Morga 一六〇九年原著，*History of the Philippine Islands*（《菲律賓群島史》），The Project Gutenberg EBook（古藤堡電子書系列）。見 http://www.gutenberg.org/ebooks/7001。

11 關於荷蘭與日本初步接觸的傳奇過程，見《大航海時代的台灣》。第三十六～三十七頁側寫欄目——〈被德川家康封賞的一位西洋武士〉。

12 有關荷蘭人、英國人進入日本開拓商館的過程，見《開啟台灣第一人鄭芝龍》，第六十九～七〇頁。

13 詳見《開啟台灣第一人鄭芝龍》，第一章。

14 日本人將當時到日本的歐洲人稱為「南蠻人」。

第七章
中西海上勢力進入初期的台灣

侷處中國東南外海的台灣，原本是個與世無涉的原始生態島嶼，隨著東亞貿易格局的形成，台灣可作為對中國大陸從事轉口貿易據點的功能開始浮現，從閩粵海盜的據點，一躍成為國際貿易航線上的重要口岸，開始融入了亞洲經濟發展的浪潮之中。

中國人對台灣的最早認知

　　中國人很早就知道台灣的存在，三國時的吳國稱之為「夷洲」，隋代以後以「流求」、「琉球」、「瑠求」等稱呼。隋書列傳第四十六「流求國」部分有這樣的記載：

「流求國，居海島之中，當建安郡東，水行五日而至。」

「有熊羆豺狼，尤多豬雞，無牛羊驢馬。厥田良沃，先以火燒而引水灌之。持一插，以石為刃，長尺餘，闊數寸，而墾之。土宜稻、梁、𥤐、黍、麻、豆、赤豆、胡豆、黑豆等，木有楓、栝、樟、松、楩、楠、杉、梓、竹、藤、果、藥，同於江表，風土氣候與嶺南相類。」

「俗事山海之神，祭以酒肴，鬥戰殺人，便將所殺人祭其神。或依茂樹起小屋，或懸髑髏於樹上，以箭射之，或累石繫幡以為神主。王之所居，壁下多聚髑髏以為佳。人間門戶上必安獸頭骨角。」

　　從以上記載可以看出，其中的許多描述與台灣原始的風土和先住民早先的習俗十分相似。

　　隋煬帝四年左右（公元六〇八年），遣武賁郎將陳稜、朝請大夫張鎮州率兵自義安（今廣東潮州）浮海發兵征討，但是流求不從，被陳稜擊敗，並擄走男女數千人。以後隋朝就斷了相通的念頭。

值得一提的是，在煬帝出兵之前，曾令羽騎尉朱寬前往勸諭當地土王臣服，遭到拒絕後，帶回土著「布甲」一件，正好被日本使臣見到了，向隋煬帝說是「邪夷久國」的人所用的東西，因此，在隋朝的時候，日本人也可能到過台灣。

　　從隋朝到南宋的六百多年當中，對台灣的地理認識似乎沒有增長多少。南宋宗室子弟趙汝適在《諸番志》中，對流求國，幾乎完全引用了「隋書」的記載，例如其王（即首長）還是叫「歡斯」，土人還是稱為「可老」，島上還是一樣有「有熊羆豺狼，尤多豬雞」。

　　但《諸番志》增加了一點貿易內容，提到島上「無他奇貨，尤好剽掠」，所以中國商賈不到此通商。土人偶而以所產黃臘、土金、豹脯之類的東西，往售菲律賓的「三嶼」。[2]

　　但是，台灣雖然與中國長久不通，近在咫尺的澎湖，卻至遲在南宋時已劃入中國版圖。《諸番志》〈毗舍耶〉條提到：「泉有海島曰彭湖，隸晉江縣，與其國（即毗舍耶）密邇，煙火相望，時至寇掠，其來不測，多罹生噉之害，居民苦之。」也就是說，隸屬泉州晉江的澎湖居民，因為太靠近毗舍耶群島的關係，常遭毗舍耶人侵襲，甚至被生吃，不堪其苦。

　　這些毗舍耶人（Visayas）就是菲律賓北方的呂宋島與南方的民答那峨島（Mindanao）之間諸群島的島民，[3] 在宋朝時非常活躍，不時侵襲澎湖與福建海邊。當然，鄰近的台灣本島，也可能是其襲擊的對象，或有一部分人定居了下來，成為現在台灣一些先住民的祖先。

　　流求就是台灣的觀念，一直延續到元朝。《元史》〈列傳第九十七 外夷三〉條稱：

「瑠求（即流求），在南海之東，漳、泉、興、福四州界內，彭湖諸島與瑠求相對，亦素不相通。……漢、唐以來，史所不載，近代諸蕃市舶不聞

至其國。」

　　元世祖至元二十八年（公元一二九一年），本欲派兵六千征討，但有福建書生吳志斗以海道利弊勸阻世祖發兵，次年改派宣撫使楊祥帶吳志斗及軍士二百多人前往，最後船隻卻到了菲律賓的三嶼，無功而返。

　　元成宗元貞三年（公元一二九七年），福建省平章政事高興，因立省泉州，距瑠求近，派遣省都鎮撫張浩、福州新軍萬戶張進赴瑠求國，擒生口一百三十餘人返回。

　　明朝開國後，現代所稱的琉球群島上出現了三個國家，即中山國、山北國和山南國，史稱三山時代。太祖洪武五年（一三七二年），中山王察度派其弟泰期出使中國，每兩年一度的中琉朝貢貿易由此展開。

　　成祖永樂年間起，山南國的尚氏家族先後推翻了中山、山北王，並在宣宗宣德四年（一四二九年）統一了琉球，中、琉關係延續發展。但因為元朝以來一直習用的「琉球」之名，此時改用於琉球國，所以原稱琉球的台灣島，反變成了「小琉球」。世宗嘉靖年間中國派往日本的使臣鄭舜功撰寫的《日本一鑑》中的地圖注記稱：「小東島，島即小琉球」，也就是後人所稱的台灣島。也是嘉靖年間，張天復刊印的《皇輿考》中，也以小琉球稱呼台灣。[4]

　　由於明朝以大、小琉球區分琉球與台灣，所以歐洲人東來初期所繪的地圖上也常以大、小琉球稱呼這兩個地方。

　　也大約從明朝中期開始，經常到台灣捕魚或與土著交易的中國漁民或商人，開始給他們出入的地區冠上了土著地名雞籠、淡水、[5]八掌（八掌溪出海口）、[6]大員（今台南安平）、打狗嶼（今高雄）[7]等漢名稱呼，因此，到十七世紀二〇年代歐洲人抵達台灣之前，至少台灣西海岸的南北兩端已經經常見到福建人的行蹤。

歐洲人東來初期對台灣的認識

　　歐洲人最早對台灣一帶情況的認識可能是來自於阿拉伯人。二十世紀初期，法國學者法蘭（Gabriel Ferrand）在他彙編的七世紀至十八世紀阿拉伯地理文獻集中指出，一四六二年和一四八九年的兩份阿拉伯文手稿中分別提到了一個稱為戈爾島（Island Ghur）的地方，他認為這個地方是指琉球或台灣（Lile de Ghur=Lieou-Kieou=Formosa）。葡萄牙人顯然是從阿拉伯人處瞭解到這個島嶼，但不認為是指現在的台灣，而是指琉球王國，因此，以後的葡萄牙文獻中，曾將琉球人稱為「戈爾人」（Guores）。[8]

　　但是，歐洲人對台灣的真正認識，可能始於十六世紀初期葡萄牙人羅德里格斯（Francisco Rodirgues）手描的台灣島及其鄰近海域地圖。羅德里格斯是葡萄牙遠征印度司令阿巴克奇在一五一一年占領了麻六甲後，奉派由麻六甲出發首航香料群島（摩鹿加群島）的三艘葡萄牙船隻當中一艘的領航員。這幅最早的台灣地圖，估計是在一五一二年前後所繪。[9] 其資料可能是來自羅德里格斯曾經描摹過的一幅爪哇文世界地圖。

　　一五一二年四月，阿巴克奇在呈給葡萄牙國王的信中提到了這幅世界地圖，圖中地名和文字都是爪哇文，上面畫有好望角、葡萄牙、巴西、紅海、波斯灣、香料群島等地。另外還畫出中國人和琉球人船隻南下的航路。[10]

　　由此可以推測，在歐洲人來到亞洲之前，中國與南海各國之間，相互早已有了詳細的航海地圖，並且這些國家的航海家們顯然對台灣的情況並不陌生。因此，羅德里格斯所畫的台灣的外形輪廓，與人們今天所瞭解的，已經有點相似。而且，圖上台灣島旁邊的兩個小島，也與澎湖群島相合。

　　羅德里格斯還在這幅台灣地圖的文字說明中寫著：「這（台灣）是琉球群島的主要島嶼。他們（指地圖資料提供人）說，島上有小麥和銅。」[11]

　　但是，歐洲人最早在地圖上標示Formosa（福爾摩沙）名稱的則是羅伯‧

第七章　中西海上勢力進入初期的台灣

169

歐蒙（Lopo Homem），他在一五五四年出版的世界地圖上標示了I. fremoza（即Ilha Formosa，福爾摩沙島），其東方標示有Ilhas dos lequios（琉球群島）的三個島嶼。這幅地圖原尺寸149×230公分，原藏於義大利佛羅倫斯古儀器博物館（Museo di Strumenti Antichi），該館在一九二七年改稱科學史博物館（Istituto e Museo di Storia della Scienza）。[12]

十六世紀末期，因日本統治者豐臣秀吉有意占有台灣，並以台灣為前進基地，征服呂宋，在馬尼拉的西班牙人開始注意到台灣的重要地位。

當時一位出身低微稱為「欽門墩」的小領主，取得豐臣秀吉的同意，開始組織戰船和中國人船員，準備南下遠征馬尼拉，並有意占有台灣，作為進攻呂宋的前進基地。

西班牙人總督古佐曼（Don Francisco Tello de Guzoman）獲得消息後，在一五九七年夏天召開了軍事會議，決定派遣兩艘兵船，由卡曼齊奧（Don Juan de Camuzio）率領，前往台灣偵測其港口、地勢，以便搶先占有台灣。如任務無法完成，則相機通知廣東、福建當局，由中國出面阻止日人進入台灣。但是西班牙人的這次出征因風向不利，無功而返，中國當局則因西班牙人的通報而有所防範。[13]

福建巡撫徐學聚在其《初報紅毛番疏》中稱：「關白（豐臣秀吉）時，倭將欽門墩統舟二百，欲襲雞籠，據澎湖，窺我閩粵，幸事先設防，謀遂阻。」[14]

進入十七世紀，台灣的重要地位，開始受到到西班牙人和荷蘭人的重視。一六一九年，西班牙傳教士馬丁內茲（Dominico Bartolome Martinez）出使中國廣州和漳州，通報荷蘭人與英國人組成聯合艦隊攔截南下馬尼拉中國船隻的圖謀。他途中遇風，兩次漂到台灣。返回馬尼拉後，這位教士開始積極鼓吹占領台灣島，以搶得荷蘭人的先機，並擴大對華貿易。一六二一年，西班牙人的一份文件顯示，荷蘭人有意占領台灣，在島上建築城砦。[15]

一六二二年三月二十六日,以巴達維亞總督科恩為首的荷蘭評議會送交荷蘭東印度公司董事會的報告中,曾就如何打開對華貿易的問題提到,如果不能攻占葡萄牙人據守的澳門,可在澳門或漳州附近尋找地方建築城堡,但評議會人員認為「澎湖或小琉球(當時荷蘭人按歐洲人沿襲的中國習慣對台灣的稱呼)」更適合這個目的。[16]

　　同年九月六日,荷蘭評議會的報告提到,西班牙人很久以前就建議「繼續在小琉球(即台灣)南角築堡駐紮」,否則將失去澳門、馬尼拉、麻六甲以及整個東印度。[17]

　　一六二二年夏天,在巴達維亞總督科恩的訓令下,由雷約茲司令(Cornelis Reijersz)的荷蘭艦隊於襲擊澳門失利後,轉而第二度占領澎湖。福建當局以守土有責,出動龐大的水師再度迫使荷蘭人退出澎湖。經李旦出面斡旋,荷蘭人在一六二四年夏天退據到台灣大員(今台南市安平區)。台灣進入了荷蘭人統治時期。[18]

◆一六二二年,荷蘭人擬趕走澳門的葡萄牙人,取而代之。但是在雷約茲艦隊司令的率領下登陸後,遭到葡萄牙人利用仍未完工的大砲台(Fortaleza do Monte)堅強抵抗,一位耶穌會神父發砲擊中荷軍軍火桶,荷蘭人死傷慘重,只好退占澎湖,後在一六二四年退據台灣本島。圖為位於澳門市中心區的大砲台遺址一景。

> ### 福爾摩沙名稱的由來
>
> Formosa（福爾摩沙）之名，最早出現在隔著亞德里亞海與義大利威尼斯城相望的克羅地亞普拉鎮（Pula, Croatia）。在篤信天主教的東羅馬拜占庭王朝統治時期，相傳聖母瑪利亞顯靈要求為她蓋一座教堂，因此出生於普拉鎮所在伊士特里亞半島（Istria）的一位主教在該鎮蓋起了一座大教堂，在公元五五六年落成。因為據傳顯靈的瑪利亞，長得非常漂亮標緻，所以教堂取名聖瑪利亞・福爾摩沙（Basilica of Saint Maria Formosa），以彰顯她的美麗。之後，在義大利的威尼斯也蓋起了同名的教堂，按義大利文，福爾摩沙就是美麗、標緻的意思（bellissima）。因此，推斷最早的Formosa一詞，就是指美麗、標緻之意。後來航經台灣的葡萄牙人也用此名，形容他們初次見到的台灣島，從此福爾摩沙也變成了早期歐洲人口中台灣的代號。座落在普拉鎮最早的大教堂，現在僅剩下了一座小小的公墓教堂（cemetary chapel）。座落在威尼斯著名的聖馬可廣場（St. Marco）大教堂右後方小巷過去的另外一座也叫 Saint Maria Formosa 的同名教堂，歷史上經過多次重修，並有兩處相離不遠的門面，現在是遊客觀光的景點。[19]

漢人魍港聚落的出現

最早進入台灣的漢人是季節性漁民、商販與海盜，到台灣均屬短暫逗留性質，因此初期難以形成固定聚落。但是隨著到台人眾的增加，明萬曆初，在今嘉義與台南交界的八掌溪口的魍港，似已成為海寇與其他漢人聚集的據點。

萬曆二年（公元一五七四年）廣東饒平海盜林鳳集團受到朝廷追剿，從澎湖逃往魍港，[20] 隨行徒眾據稱有萬名之多，[21] 如此眾多的人數共同湧向該

處,表明當時的魍港已是與海寇集團相互接應的一個重鎮。

在魍港,林鳳與他的徒眾休整了幾天,然後開始在台灣海峽上劫掠過往船隻。但緊追不捨的福建總兵胡守仁傳諭當地先住民配合官兵夾攻,林鳳與其部下只好逃離台灣,轉而南下菲律賓襲擊駐守馬尼拉的西班牙人。

據西班牙殖民菲律賓初期的傳教士門多薩(Juan Gonzalez de Mendoza)所撰《大中華帝國史》,[22] 林鳳在台灣周邊劫掠過往船隻時,在從馬尼拉回中國的兩艘商船上,搜到了大批值錢貨物,包括一些黃金和西班牙銀幣在內。經逼問之後,他獲知這些黃金、銀幣和貨物都是與菲律賓西班牙人的交易所得,遂決定南下奪取馬尼拉,建立新的海外基地。

但是,林鳳集團這次的襲擊行動,因為武器裝備不如人,遭到了重大挫敗,於翌年北返,劫掠閩粵沿海,為胡守仁追至台灣北部的淡水後逃逸,再

◆據一些學者考證,嘉義縣布袋鎮好美里即為魍港所在地,當地的太聖宮供奉了經台灣教育部鑑定屬明末時期的媽祖神像。

度折向菲律賓，最後不知所終。[23]

從一六一五年起，住在日本平戶、長崎的泉州同安商人李旦、華宇兄弟開始利用魍港從事對日絲綢轉口貿易，他們每年派船到魍港，購買大陸來船運來的絲綢，再轉賣到日本。一六一八年二月十五日英國東印度公司駐平戶商館給總公司印度辦事處（India Office）的通信中寫到：

「這兩三年來，（平戶與長崎）華人開始與某些被他們稱為高砂（Tacca Sanga）而在我們的海圖上稱為福爾摩沙比較靠近中國海岸的島嶼進行貿易。船隻進入該地之處稱為澎湖群島，但只容小船進入，而且只允許中國人通航和貿易。（據說）該島在離中國三十里格範圍內，每年（冬季東北）季風到來時，華人派小船航行該處兩三次。李旦和他的弟弟華宇是當地最大的冒險商。去年他們派了兩艘小帆船前去，只從該處運回他們已在（越南）交趾或（印尼）萬丹付過錢的那批數量的絲，原因是今年（從中國大陸）運去（台灣）的絲數量太多，兩艘船帶去的現金不多，而（台灣）當地人又很野蠻，不用銀子交易，剩下賣不掉的只好運回中國套現。」[24]

這段通信內容，是有關在日華人海商利用台灣從事大陸-台灣-日本之間絲綢轉口貿易的最早記載。

李旦在魍港的基業，後來交給了他的同夥漳州海澄人顏思齊管理。並形成了有相當實力的海上武裝集團。一六二四年年初，占領澎湖的荷蘭人為明朝驅逐，準備撤往位於魍港之南的大員；與平戶荷蘭商館關係良好的李旦居間協調，派了部下鄭芝龍前往澎湖擔任翻譯。這年夏天，荷蘭人撤至大員後，鄭芝龍也一起到了台灣，第二年因李旦、顏思齊先後病逝，魍港的基業遂歸他完全掌控，直到他在崇禎元年（公元一六二八年）受到明朝朝廷招撫，回到福建就任水師將領後，荷蘭人才接收經營。[25]

一六六二年四月底，鄭芝龍的兒子鄭成功，自廈門發兵跨海驅趕荷蘭人收復台灣的一條主要理由就是，台灣原為他父親的故地，他只不過是前來收回故土而已。因此，在大軍抵台後第十一天，他即帶著部下驅馬前去蚊港（魍港）看望鄭芝龍的故地和當地居民，此時的魍港在他心目中的地位可想而知。當時魍港在鄭荷交戰雙方間的象徵意義也就不言而喻了。[26]

　　在荷蘭人占領大員初期，魍港依舊是大陸與台灣之間的重要要貿易口岸，據西班牙人的史料，荷蘭人據台五、六年後，魍港（當時西班牙人稱之為「八掌」）已成為有六千漢人人口的絲綢等商品交易市鎮（alcaiceria），荷蘭人也在此建了養殖場，飼養從日本引進的牛隻與馬匹，並在八掌溪口興建砲台，防禦這個重要口岸。[27] 因此，在荷蘭人占領初期，魍港和大員已發展成與東南亞許多貿易口岸相類似的中國人、歐洲人和土著混居的瀕海市鎮，但中國人住民並非像在越南的會安和馬來半島的滿剌加那樣，是依附於當土著地統治者的「唐人」，而是像在馬尼拉那樣，是從屬於歐洲人殖民者統治但卻又是其賴以在亞洲生存立足的必要貿易夥伴。

歐洲人與台灣的最早接觸

　　雖然葡萄牙人從一五四三年起已開始由滿剌加（麻六甲）北上，經由台灣海峽前往日本通商，並且已活躍在浙閩海域，尋找與中國通商的機會，但是卻遲至一五八二年才與台灣有了初次的直接接觸，而且這次的接觸是歸因於一次船難。

　　一五八二年夏天，兩艘滿載著金銀和貨物的中式帆船從澳門出發，前往日本長崎島原半島的口下津港。船東藍德羅（Bartolomeu Landeiro）是葡萄牙人，他與島原藩主有馬晴信有密切的政商關係，兩年前才開通了澳門對口下津的直航。

其中一艘不幸遇到颱風，在台灣西海岸遇難；另一艘比較幸運，在大風中掙扎抵達了口下津港。遇難船隻上共有三百名乘客，包括葡萄牙人船長、四名西班牙籍耶穌會教士、多名日本傭兵、至少八十名中國籍船員和一些黑人奴隸。[28] 最後在船長的指揮下，利用遇難船隻上的木料，重建了一艘新船，剩餘的九十人在滯留台灣七十六天後回到了澳門。

　嚴格來說，這次的船難不過是一個單純的事故，但所涉及的人物卻對台灣後來的歷史發展有著重大的影響。一是遇難船隻的船東，是當時澳門最有實力的猶太富商；另一是在船難中大難不死的耶穌會神父桑切斯（Alonso Sánchez）。

　近期的研究揭示出，藍德羅是葡萄牙籍猶太富商，他出生在里斯本郊外村

◆一五七一年，葡萄牙人開設的澳門－長崎貿易航線引起了日本九州藩主們之間激烈的利益爭奪。在澳門的猶太商人和耶穌會教會，也利用這條航線追逐最大貿易利益。圖為從澳門航行長崎的克拉克船屏風畫。

莊的一個猶太家庭,出生的年代正是西班牙和葡萄牙大力開展排猶的時代。

一四八〇年,新近統一的西班牙王國境內成立了第一個臭名昭著的宗教審判法庭,開始全力打擊異教徒。接著在一四九二年三月三十一日,西班牙王室又下達了一項專門針對境內猶太人的法令,下令境內所有猶太人必須在七月一日以前全部離境,不准攜帶任何金銀財物,這就是著名的排猶令。

在西班牙的影響下,葡萄牙王室在一四九七年也下令境內所有猶太人必須皈依基督教(天主教),否則將面臨被驅逐出境的命運,一五一五年,宗教審判也開始在葡萄牙出現。

在排猶令下,有少數猶太人跟隨著葡萄牙船隻流散到了葡萄牙人在印度的海外據點,並從那裡流亡到了當時排猶氣氛相對淡薄的澳門。藍德羅就是在這個時代背景下從印度果阿來到澳門的一員。他大概是在隆慶初年(公元一五六七年)之前即已抵達澳門,[29] 他以一個新基督徒的身分活躍在澳門的歐洲人之間,歷史文獻很少提到他的猶太人背景,但他在澳門的二十幾年間,已儼然成為澳門最有實力的葡萄牙人富商,也是當時獲利豐厚的澳門至九州貿易航線上的最大船東,並成為急於在九州地區傳播天主教的耶穌會金主,耶穌會投下了很多資金利用他的船隻從事對日貿易。

十六世紀八〇年代日本九州島西北的肥前國大名間時相攻伐。當時位於肥前國南部的島原半島由年幼的有馬晴信繼承了藩主的地位後,受到了北九州軍閥龍造寺隆信的入侵,已有數個城池被部下出賣給入侵敵手。為了保住領地,有馬在耶穌會遠東視察員范禮安(Alessandro Valignano)的遊說下,應允改信天主教;作為回報,范禮安安排由蘭德羅出資四萬葡元(cruzados),將其名下本應前往長崎的商船,滿載給養和做彈藥用的鉛和硝石,在一五八〇年首度航行到島原半島的口下津港,使口下津港成為九州長崎港之外另一個歐洲船舶的停泊港。此舉令島原半島的饑民獲得了給養救濟,也令有馬家族保有在當地的統治地位,並在蘭德羅商船的經常訪問下,獲得了厚利,成為

最有影響力的天主教領主之一。

他領有德川頒發的朱印狀（船隻出航許可），有商船前往澳門、占城等地。不幸的是，隨著勢力的膨脹，他在一六〇九年組船隊入侵澎湖、台灣，受到台灣北部住民的強烈抵抗達一個月之久，不得已抓了數人回去向德川交差了事。但此舉開啟了日本多次入侵台灣的惡劣先例，造成數百年來中日關係以致整個東亞局勢一直難以安定下來，對後世影響至鉅。

有馬後來與葡萄牙人交惡，一六〇八年因他前去澳門船隻的船員在當地滋事，被驅逐出境，次年他下令燒毀了停泊長崎港的一艘葡萄牙船，以示報復。此時已距蘭德羅去世多年，無人為其調停，德川為保護葡日貿易不致受損，在一六一二年將其流放到甲府，最後迫其切腹自殺。

遇難船船隻引出的另一件事是引起了西班牙人對台灣的興趣。當時船上的四名西班牙籍耶穌會教士中的一位桑切斯，在返回澳門後，又搭乘從台灣回到澳門的同一艘船回到了馬尼拉，向馬尼拉統治當局詳述了他的遭遇。一五八六年他帶著馬尼拉統治當局的委託回到西班牙，當面向菲利普二世國王陳述了菲律賓情況，並請求征服台灣。他回到西班牙後，沒有再返回馬尼拉，不久在本國病逝。[30] 但是他要求西班牙統治者征服台灣的願望，終於在四十年後實現，一六二六年西班牙遠征艦隊占領了基隆，兩年後又占領了淡水，但好景不長，一六四二年卻為荷蘭人趕走，結束了在台灣的短暫歷史。

台灣融入了世界貿易的大循環

從一六一五年和一六二四年起，魍港與大員分別成為李旦、鄭芝龍集團及荷蘭人對日、對歐貿易的轉口港後，台灣開始融入了歐洲人帶動的第一波全球化的世界貿易大循環之中，與漳州的月港，珠江口的澳門，日本的平戶、長崎，菲律賓的馬尼拉，越南的會安，暹羅的大城，馬來半島的大泥、

登牙儂、滿剌加,爪哇的萬丹、巴達維亞,蘇門答臘的巴林邦、北婆羅洲的渤泥和香料群島(摩鹿加群島)等,連接成為全球貿易亞洲區塊的重要一環。

這些港市的大量出現,象徵了從十五世紀鄭和時代的亞洲海洋秩序轉型出來的新型海洋文明的興起。

這個海洋文明是以南海及其鄰近海域為中心,以閩南人、歐洲人和馬來人為主要參與者,以中國瓷器、絲綢和南海諸島的香料為主要商品所貫穿起來的商業運作模式。它結合了歐洲王室、教會和商人的資金,閩南海商的家族與宗族勢力和商品生產與運銷網絡,閩南人與馬來人的龐大人力資源,共同形成了進入近代歐洲白人掠奪式殖民時代之前,最為有效的人類經濟組合。它不僅透過閩南人與歐洲人的長程海上航行能力帶動了跨國商品的跨洲長距離流通,也塑造了南海區域空前眾多的沿線港口城市的繁榮。隨之而來的是大量閩南人及後來的廣東人移民,在這些港口城市的生根發展,奠定了將南海諸邦開發成為近代世界資本主義發展重要資源基地的基礎。

● 註釋

1. 據宋《太平御覽》卷七百八十,引吳國丹陽太守沈瑩《臨海水土志》,「夷洲」在浙江臨海(今台州一帶)東南。該書所描寫的自然景觀和民情風俗與台灣的原始風貌十分相近。
2. 《諸番志校釋》作者楊博文認為三嶼是馬尼拉灣的三個島嶼。見《諸番志校釋》,第一四五頁。
3. 這些群島包括巴內(Panay)、宿霧(Cebu)、尼格羅斯(Negros)、薩瑪(Samar)和雷特(Leyte)等諸島。雷特島是葡萄牙人麥哲倫踏上菲律賓的第一個島嶼。
4. 參看《開啟台灣第一人鄭芝龍》,第一〇九頁。
5. 顧炎武,《天下郡國利病書》第二十六冊(〈福建備錄〉)載:「今琉球告急,屬國為俘,而沿海姦民揚帆無忌,萬一倭奴竊據,窺均雞籠淡水,此輩或從而勾引門庭之寇,可不為大憂乎」。
6. 據《菲律賓群島,一四九三～一八九八年》第二十二卷,〈一六二六年敘事〉(Relation of 1626)條,第一二九頁。
7. 萬曆三十年(一六〇二年)福建連江人陳第,《東番記》。見《開啟台灣第一人鄭芝龍》,第一一三頁說明。
8. 《東方志》第一卷,第一二八頁「琉球條」及注。
9. 據二次世界大戰前後重編《東方志》及《羅德里格斯志書》(Book of Francisco Rodirgues)兩書的編者 Armando Cortesao 的考證。見《東方志》第一卷導言部分,第xciii頁。羅德里格斯在一五一二年十二月從摩鹿加回到麻六甲後,隨即在次年一月前往印度、紅海。之後,直到一五一九年他在麻六甲加入安德烈(Simao de Andrade)的船隊前往廣州(見第五章)為止,中間經歷不詳。不過,他雖到過中國,但Cortesao仍認為地圖不是在一五一九年到中國之後所繪的。
10. 此處的琉球人也是指琉球王國的商人,不是指台灣的土著。在歐洲人東來之前,琉球商人在中國、南海之間相當活躍,當時在中國禁止對日貿易和日本海外航運不發達的情況下,他們是日本賴以輸入中國、南海商品的主要中間商。
11. 《東方志》第二卷,第五二五頁,附錄二,注二十三。
12. 《東方志》,第一卷,第一二九頁注(「琉球條」)及《東方志》第二卷,附錄三,第五三一頁。
13. Antonio de Morga,《菲律賓群島史》,第六章。
14. 《大航海時代的台灣》,第七十七頁。
15. Eugenio Borao Mateo(鮑曉鷗), Spaniards in Taiwan(《西班牙人在台灣》)第一卷,一五八二～一六四一年,台北南天書局,二〇〇一年,第四〇～五十三頁。
16. 程紹剛譯注,《荷蘭人在福爾摩莎》,聯經出版社,二〇〇〇年,第八頁。
17. 同上,第十二頁。

18 《開啟台灣第一人鄭芝龍》，第九十一～一〇〇頁。

19 以上歷史見 http://www.pu.carnet.hr/kultura/festival/gradPula/ebazilika.html 和 http://www.invenicetoday. com/art-tour/churches/castello/sanmaria_formosa.htm 兩個網址的介紹。

20 《明神宗實錄》卷三十。

21 《明神宗實錄》卷二十六，但據西班牙人史料，實際可能不到一千人，但即使是以千人計算，也屬人數眾多。

22 門多薩本人未曾到過亞洲或中國，只在墨西哥居住了兩年；《大中華帝國史》是西方有關中國的首部專著，全書主要是依據曾於一五八〇年到過中國的 Miguel de Luarca 所寫的日記編撰。本文採用《菲律賓群島，一四九三～一八九八年》第六卷所載該書內容。

23 《明神宗實錄》卷四十五。

24 Hakluyt Society 編，*Diary of Richard Cocks, cape-merchant in the English factory in Japan,1615-1622:with correspondence*（《1615-1622年日本英國商館館長理查‧考克斯日記，附通信》，簡稱《考克斯日記》），in 2 vols., London, 1883。本文所參考的是紐約：Burt Franklin 出版社複印本（無複印出版年代），第二卷，第二九八頁。

25 參見湯錦台，《大航海時代的台灣》，台北：如果出版社，二〇一一年，第三十四～三十五頁。

26 同上，第一七七～一七八頁。

27 見《菲律賓群島，一四九三～一八九八年》第二十二卷，〈一六二六年敘事〉條（Relation of 1626），第一二九頁。

28 *Spaniards in Taiwan*（《西班牙人在台灣》）第一卷，第二～十五頁；Lúcio de Sousa，*The Early European Presence in China, Japan, The Philippines and Southeast Asia (1555-1590) - The Life of Bartolomeu Landeiro*（《一五五五～一五九〇年在中國、日本、菲律賓和東南亞的早期歐洲人——巴特洛穆‧藍德羅生平》），澳門基金會出版，二〇一〇年，第五十一頁。

29 本書有關蘭德羅的背景與事蹟主要是依據 *The Early European Presence in China, Japan, The Philippines and Southeast Asia (1555-1590) - The Life of Bartolomeu Landeiro*（《一五五五～一五九〇年在中國、日本、菲律賓和東南亞的早期歐洲人——巴特洛穆‧藍德羅生平》）第十五～七十四頁，但是本書根據他曾經出資幫助明朝政府驅趕曾一本、林道乾兩大海盜集團的事蹟，判斷他抵達澳門的年代應早於一五六七年（隆慶元年），即明朝開放月港對外貿易那一年，而不是該書主張的一五七〇年（隆慶四年）。

30 *Spaniards in Taiwan*（《西班牙人在台灣》）第一卷，第十六頁。

8

第八章
閩南海上帝國與南海文明的興起

進入十七世紀以後，隨著葡、西、荷、英四國在亞洲競爭的加劇和貿易數額的增長，作為歐洲人對華和對亞洲貿易所不可或缺的閩南海商勢力，也急速膨脹起來。他們的經營版圖，不斷擴大，從傳統中國船隻出入的港口到新興的歐洲人貿易港市，都是這些海商頻繁出沒的地點，成為這一時期引領東亞大航海時代前進步伐與推動東西方貿易加速發展的主要力量。

　　這些閩南海商在各個港口或港市建立了本身的據點，形成一個遍布南海四周的閩南海商網，不斷吸引更多的閩南海商與移民到來，為熱帶經濟作物和自然資源的生產與開發提供了必要資金與人力，並支撐了當地對歐洲與對華遠洋貿易的發展。當十六世紀初期印度與阿拉伯商人的勢力被歐洲人趕出之後，歐洲人能夠在亞洲生根立足，南海經濟得以更加繁榮發展，與閩南人在整個南海區域的存在是密不可分的。

從會安古城到暹羅大城

　　位於中南半島中部海岸的古城會安，作為歷史上中國海商南下的第一站，自葡萄牙商人東進亞洲以後，便不斷吸引了大批閩南商人的到來。

　　在會安出土的中國陶瓷器，見證了十六世紀末期，葡萄牙船隻開始繞經會安往來澳門與麻六甲兩地之後，南下的閩南海商，尤其是漳州商民活躍當地的情況。所出土的這些陶瓷器，數量達一百八十件之多，是明神宗萬曆年間的產品（公元一五九〇年代），其中約七十件產自漳州，六十件出自江西景德鎮，其餘為廣州和其他地區的產品。[1]

　　從十七世紀初期起，泉州商人逐漸加入這裡的貿易角逐。特別是荷蘭人在一六二四年占領台灣之後，在會安設立商館，往返其亞洲統治中心巴達維亞與台灣之間的荷蘭船隻，常停靠此地，與荷蘭人有貿易關係的泉州鄭芝龍家族的船隻，以及後來繼之而起的鄭成功的商船，更不時往來會安。

甚至到了公元一六八三年（清聖祖康熙二十二年）滿清領有台灣以後，仍有部分鄭氏政權舊日部屬從台灣流亡到會安，其中有一百七十幾人在會安海關任職。[2]

隨著閩、廣商人的聚集，在會安出現了一個熱鬧的海外唐人街市。這裡建有觀音廟、關帝廟，還有福建會館、廣肇會館、潮州會館、瓊府會館、五幫會館和客家會館等。與唐人街相鄰的是跟隨葡萄牙人船隻南下的日本商人居住的日本人區。[3]

康熙年間（公元一六九五年），應邀到順化、會安一帶弘揚佛法的浙江籍和尚大汕厰翁，在他的《海外紀事》中，對會安的唐人街有過這樣的描述：

「蓋會安各國客貨碼頭，沿海直街長三、四里，名大唐街，夾道行肆比櫛而居，悉閩人，仍先朝服飾，婦人貿易，凡客此者必娶一婦以便交易。」[4]

以上最後一句描述，說明了從宋、元以來，中國商人到此，必與當地婦女結偶的情況，一直沒有改變。

這個出現在海外的早期唐人街，在鄭芝龍最活躍時期的一六四〇年代，華人人數已多達四、五千之多。[5]即使到了今天，這裡也還住有一千多名華人，另保留了華人歷史性建築八百多所。

十七世紀末，占城國被越南最後一個王朝廣南阮氏併入。這個由占婆人所建立有著一千多年歷史的婆羅門教國家，自此不復存在，會安也逐漸喪失了往昔的繁華，最後淪為歷史的陳跡。

由會安繼續前行，是暹羅新的商業據點大城。

十三世紀前期，現在泰國北部的泰人，擺脫了柬埔寨的統治，建立了稱為素可泰（Sukhothai）的第一個暹羅王朝。他們向元朝進貢，引進中國工匠，開窯設廠，並開始向周邊國家輸出陶瓷。

◆從曼谷坐火車北行一個多小時車程的大城,是大城王朝的首都,到處是佛教寺廟古蹟,從殘垣斷壁中,可以想見當年的輝煌。這裡曾經是十六、七世紀亞洲最繁盛的國際貿易城市之一。中國人、歐洲人、日本人都聚集這裡,展現了早期不同文明的接觸。圖為大城眾多古老佛教寺廟的遺蹟之一。

　　到了十四世紀中期,素可泰王朝為崛起在湄南河下游距今曼谷以北約八十公里處新興的大城王朝所取代,泰國進入了第二個王朝時期。

　　大城王朝繼承了素可泰王朝的貿易傳統,採取了開放的通商政策。明朝開國以後,繼續經常遣使向中國進貢。

　　一五一一年,葡萄牙人占領麻六甲不久,即派遣使臣到暹羅首都大城通好,應允向大城供應西式槍枝、彈藥,並接納泰人到麻六甲經商,填補傳統上在麻六甲經商的阿拉伯人撤走後留下的空檔。

　　陸陸續續,大約有三百名葡萄牙人來到了大城經商和擔任軍事顧問。一五三八年,大城國王的侍衛中,約有一百二十人是葡萄牙人。[6]

　　由於與葡萄牙人通商,大城也開始吸引大批中國海商和日本人到來。與

會安一樣,到十七世紀中期鄭芝龍父子活躍的時期,這裡的華商多達三、四千人,[7]到了十七世紀末期,暹羅全國華人人口已多達萬人,占總人口的十分之一左右,其中多為福建、廣東兩地商貿移民。[8]

類似會安的情況,從十六世紀後期到十七世紀三〇年代日本鎖國為止,大量日本商民也與華人商販在大城競爭牟利。不少日本倭寇,在豐臣秀吉統治末期流亡到此,建立了立足基地。一五九三年緬甸侵略大城,暹羅迎戰的軍隊中,即有五百名日本傭兵。[9]

德川家康統一了日本後,商人山田長政在一六一一年乘德川特許的海外貿易朱印船,途經台灣南下,[10]抵大城經商,後升任暹羅的日本人傭兵隊隊長,深得暹羅國王的信任,並深度介入了暹羅王室的權位繼承爭奪。到一六三九年日本鎖國為止,在大城的日本人町居住的日人,人數最多時曾達到一千五百人左右。 隨著日本的鎖國,暹羅王室轉而以華商為其對外貿易代理人,暹羅與日本之間的貿易多由華商壟斷,勢力遠遠超過在此設有商館的荷蘭商人,同時荷蘭人占領下的台灣,成為華人船隻北上南下的重要中繼站。這種局面到荷蘭人撤出台灣之後,鄭成功祖孫三代統治時期,猶是如此。到了十八世紀後期,因緬甸軍隊再度入侵大城,一位被暹羅人收養名叫鄭信的廣東潮州子弟率眾突圍,收復了殘破的王城,並在今曼谷湄南河西岸的吞武里建立了新的王朝(Thouburi,一七六七〜一七八二年)。[11]從此作為閩南旁支的潮州人,大舉湧入暹羅,形成近代泰國華裔改由潮州人主導的新局面。

呂宋島上的閩南生理人

在十六世紀後期葡萄牙人活躍於從麻六甲到占城和暹羅地面的同時,西班牙人占領的呂宋島上,不斷湧入了漳州人為主的閩南生理人,販售歐洲人想要的中國商品。

這些生理人主要集中在馬尼拉市。據一五七〇年西班牙人剛剛進占馬尼拉時的一份報告，當時「馬尼拉城內共住有四十名已婚中國人和二十名日本人。」為了尋求與中國的直接貿易，西班牙人很用心地吸引閩南商民前去馬尼拉，因此慢慢有更多的閩南人在馬尼拉定居了下來。[12] 一五七二年有關攻占呂宋經過的另一份西班牙人報告提到：

　　「這些中國人……帶著妻子一起到來，男男女女加在一起，大概有一百五十人。到了這裡以後，他們變成了基督徒。他們非常謙虛，毫不張揚。他們穿棉或絲的長袍。他們穿著寬寬的褲子，褲腳束緊、寬袖子和長筒襪子，像西班牙人一樣，非常伶俐乾淨。」[13]

◆馬尼拉市區帕西河（Pasig River）南面西班牙人統治中心所在地的王城（Intramuros）是城牆圍起來的行政與信仰中心，四周圍以圍牆，在東北角帕西河出海處南側建有聖地亞哥堡，護衛王城。西班牙人於一五七一年占領馬尼拉後，即建造聖地亞哥堡，初期為椰樹木柵結構，在一五七四年遭遇林鳳襲擊後，改建石磚牆。由於華人多數不信仰天主教，且人數增長很快，因此西班牙人從一五八〇年起，將他們集中在帕西河北岸相去一段距離的海岸邊定居，稱之為澗內，由城堡城門控制其出入。一六〇三年發生了屠殺澗內和王城內華人兩萬多人的慘案。圖為於二次大戰結束後修建的聖地亞哥堡城門。

由於中國人不斷南下，雙方改用白銀交易的迫切性被提了出來。一五七三年十二月五日，西班牙駐墨西哥總督恩里克斯（Don Martin Enriquez）從墨西哥發給西班牙國王的信中提到，與中國人做生意的困難是，中國什麼都有，中國人對西班牙的厚布或菲律賓的土產不感興趣，只想要銀子；要與中國人做生意，必須由西班牙國王親自批准，以墨西哥出產的白銀交易中國貨物。

　　然而，西班牙人占領呂宋不到五年，中國人與西班牙人的關係開始出現變化。一五七四年冬天，廣東海盜林鳳襲擊馬尼拉失敗後，意外促成了西班牙人與中國官方的接觸。由於林鳳南襲菲律賓，次年中國官方派出了福建把總王望高前往馬尼拉打探消息，得到西班牙總督拉維扎理斯的盛情接待。拉維扎理斯派出奧古斯丁會教會教士拉達（Martin de Rada），由另一名教士陪同，出使福建，與中國方面建立了初步的官方聯繫。這種聯繫帶動了更多中國商船南下菲律賓。

　　到一五九○年，馬尼拉的華人總數已達六、七千人左右。[14] 這些華人控制了馬尼拉的商業，西班牙人也必須依靠華人從中國運來糧食牲口，才能有足夠的補給。一五八八年菲律賓主教薩拉扎（Domingo de Salazar）寫信回西班牙提到：[15]

　　「（馬尼拉）市區內有一個生理人經營的絲綢市場，店鋪達一百五十間。除了住在市區河流對岸的一百個人外，通常這裡住有六百個生理人；這些人都結了婚，當中不少人是基督徒。另外還有三百多名住在絲綢市場外邊或住在市郊海邊、河邊的漁民、菜戶、獵戶、織工、磚匠、燒石灰匠、木匠和鐵匠。在絲綢市場內，還有許多裁縫、鞋匠、做餅師傅、木匠、蠟燭匠、糖果師傅、藥師、漆匠、銀匠和其他行業的工匠。」

　　「菜市場裡每天售賣的有家禽、豬、鴨、鳥類獵物、山豬、水牛、魚、包

子和其他吃用的東西以及菜園子種的青菜和柴火。還有很多中國來的商品，在街上擺賣。」

　　這位主教還提到，通常每年從十一月到五月，有二十名大商家從中國航行到馬尼拉，每個商家至少帶上一百人，住上七個月。船上裝載的除了貨物外，還有麵粉、食糖、餅乾、食油、橘子、核桃、栗子、鳳梨、無花果、李子、石榴、梨子和醃肉、火腿等大量的食物。這些食物足夠馬尼拉市和郊區居民整年食用。另外還帶去牛馬牲口。

　　一五八〇年四月到一五八三年三月彭納羅扎（Don Gonzalo Ronquillo de Peñaloza）擔任第四任菲律賓總督期間，由於馬尼拉華人人數急速增長，決定劃定「澗內」（Parián，按「澗內」一詞為明朝官方文書的稱呼）為華人區，將分散居住的華人集中一處。從此澗內成為海外最大的華人聚居區。

　　不幸的是，在一六〇三年，發生了西班牙人因懼怕華人造反，因而屠殺呂宋島上兩萬五千名華人居民的慘劇，活下來的不到八百人。這是華人在海外遭到大規模屠殺的開端。後來類似的大規模屠殺事件仍數次在馬尼拉與荷蘭人治下的巴達維亞發生，為白人對黃種人的種族屠殺，留下了極不光彩的一頁！

　　然而，在事件過後才一年多，經過西班牙人對明朝政府的努力修好，中國人又再度大批南下馬尼拉。一六〇五年當年，有十八艘中國船隻抵達馬尼拉，帶去了五千五百名新到的生理人。[16] 此後，漳、泉二地之民更不斷源源湧入，在十七世紀中期台灣成為漢人最大移民地之前，馬尼拉一直是海外最大的閩南人移民區。

澗內———一個早期唐人街的縮影

　　在十六世紀末，西班牙人統治馬尼拉初期的澗內，是一個功能齊全的中國城，是海外早期唐人街的縮影。當時西班牙駐菲律賓的主教薩拉扎

對這個異國色彩十足的中國人居住區情有獨鍾，他在一五九〇年專門以澗內為主題，給菲利普二世國王寫了一份很長的報告，讓後世看到了以漳州人為主的海外華人生活的形形色色。

從薩拉扎主教的報告，我們對澗內得出了這樣一個輪廓：

澗內座落在市區西北側稱為「屯多」的村子旁邊，原來是沼澤地，與市區一河相隔。（屯多，Tondo，這一地名仍一直沿用至今，但是已經成為馬尼拉貧民區的代名詞。十八世紀一場大火後，西班牙當局把澗內的中國人都搬到了現在市區內的王彬街中國城內，也就是俗稱的Binondo，而屯多後來則慢慢發展成為流入馬尼拉的菲律賓國內窮困移民聚居的棚戶區。）

在澗內居住的生理人，有少數是基督徒，但多數是不信上帝的。這些生理人原先與西班牙人混住在市區內，到彭納羅扎總督時，才指定一個地方讓他們住在同時用作絲綢市場的四排房子內。這就是最早的澗內。

這四排房子都呈長方形，街道穿過其間。四排房子西面靠海的一邊有一個大水塘，由一條小河與海相通，漲潮時中國船隻可直接進入水塘卸貨。

初期因為房子是用蘆葦蓋的，曾經被火燒掉過，後來改建成蓋上防火瓦片的新房子。

通常住在澗內的中國人人數大約在三、四千人之間，另外有兩千多人經常隨船來來去去。連同住在鄰近的屯多村裡的人和在附近打漁種菜的，人數當在六、七千人之間。

這裡開有許多鋪子和食肆，這些食肆是中國人和當地土人進餐的地方，西班牙人也經常光顧。還有許多間中藥鋪，有醫師把脈抓藥。

有很多做包子師傅利用從中國運到的細麵粉做包子，在市場販售和沿街叫賣。因為價錢特別便宜，雖然當地盛產稻米，但馬尼拉已經有很多人改吃包子了。許多西班牙士兵常常向中國人賒帳，整年吃他們賣的包子。中國人肯賒帳，也使當地很多窮人不致於挨餓。

中國人也出售菲律賓畜養的豬牛肉和雞鴨。如果中國人不賣的話，西班牙人就沒有肉吃。馬尼拉市吃的魚也多數靠中國人供應。

就像今天的中國貨以價格低廉和善於仿造搶占世界市場一樣，早在四百多年前，馬尼拉的西班牙人就已經經歷了廉價中國商品的衝擊。薩拉扎主教對此深有體會。

在馬尼拉，什麼中國貨和稀奇古怪的中國東西都可以買到，甚至有些已經開始在當地生產，而且比在中國生產的更為精良，原因是當地的中國工匠與西班牙人打交道後，懂得貨要精美才會受到歡迎。這裡行行業業的中國工匠可以製作比在西班牙製造的更為精緻的西班牙玩意，而且價格要低很多。薩拉扎主教說：「便宜到不好意思說出來。」

薩拉扎主教對中國匠人的工藝更是讚不絕口，認為他們只要看到西班牙工匠製作的任何東西，就可以完全仿造出來。當他初抵馬尼拉時，找不到一個會製作西洋藝品的生理人，但是不久就出現了一大批會拿畫筆和雕刻刀的人，他們製作的耶穌幼兒大理石像，可說是栩栩如生。當地的教堂都已開始裝飾這些生理人製作的聖像。

在看起來完全無法種植的地方，生理人的菜農也能夠種出西班牙和墨西哥的蔬菜，市場上的蔬菜供應與馬德里不相上下。這些生理人還製作馬具和馬鐙，因為工藝精良，價格低廉，一些商人很想運到墨西哥去賣。

最生動的例子是從墨西哥來的一位西班牙書本裝訂商，他買了書本，開設了一家裝訂廠，並僱用了一位生理人當助手。這位生理人不聲不響地偷偷學藝，不久就辭工開了同樣的一家裝訂廠。因為手藝太好，青出於藍，使得這位西班牙裝訂商最後被迫歇業。連薩拉扎自己的書都找他裝訂，並且自承比在西班牙塞維爾（Seville，在西班牙南部，是當年西班牙遠洋航船出航之地）裝訂的更好。

在熱帶胡椒產銷集散地萬丹的閩南交易商

　　早在十六、七世紀之交英國、荷蘭的船隻開始出現在印尼群島水域之前，閩南海商就已立足爪哇西端的萬丹（Bantam）和蘇門答臘的占卑（Jambi）等一些港口，從事胡椒、檀香木、玳瑁和象牙等的收購貿易。利用中國帆船的航海優勢在香料產地採購大量香料的華商，成為麻六甲葡萄牙人不可或缺的香料交易中間商。一六〇三年英、荷兩國的東印度公司分別在爪哇萬丹建立商館後，當地來自閩南的華人商民更成為其生活與貿易上的主要依賴對象，同時也是其競爭與打擊的對手。

　　英國當時首駐萬丹商館的館員Edmund Scot撰寫的一篇有關萬丹的記載，提供了一六〇三年時期，住在萬丹的閩南商民在當地經商、生活和與本國船隻往來的珍貴材料。[17] 他將他們的住地稱為 China Towne，即後人俗稱的「中

◆爪哇島上的萬丹因為是胡椒的集散中心，從明代起就已是閩南人南下貿易謀生的地點，多數人從事胡椒買賣或加工，也有人種植稻米。圖為曾經是歐洲人到來以前印度洋與南海諸邦貿易商重要交易地點的熱帶海濱貿易港市萬丹美景。

國城」（現俗稱「唐人街」），這可能是最早出現的「中國城」的英文稱呼。

這些閩南華人沿著一條通往當地蘇丹王城的街道居住開舖，王城範圍很大，為磚砌圍牆圍成的四方形地區，是由華人所打造。從王城西北角有一條河流流出，將唐人街的街道分隔在河道兩邊，向北流入爪哇海，漲潮時，歐洲人的大船和中國人的大帆船可直接航行到街區中心裝貨或卸貨。街上大部分的房子都是磚造平房，用作倉庫和住家。

大部分華人都是替爪哇本地的統治階層耕種和加工胡椒的苦工，也為他們種稻，「但是因為爪哇人太懶，中國人把地上的財富都吸走了。」「聽說不到一百年前，在與中國人打交道之前，他們都還是吃人族。」「中國人像猶太人一樣，卑躬屈膝，俯首聽命，但是把他們的財富都搶走，然後送回中國。」

這篇記載中對閩南華人還有許多深帶成見的類似描述，但也提供了對他們的信仰以及與航海有關的習俗的第一手觀察，其中的信仰與儀式成分，雖然經歷了四百多年，至今仍在傳承。

例如，這位英國人觀察到，信仰方面，表面上五花八門，但大部分華人都是無神論者。多數人相信好有好報，惡有惡報。好人來生會當官，惡人死後會投胎變雞變狗。儀式方面，每個月都要用牲禮敬神，手上不斷搖鈴，嘴上唸唸有詞。有喪事時，供桌上擺上生熟雞、鴨、羊和各式水果等祭品，並燒各式彩色剪錢。富者死後，燒化的遺體裝入壇罐，由親友帶回中國。

萬丹華人也篤信乩童，每當等待中國的來船或有船從萬丹返回中國的時候，船主就要召乩童作法，以卜吉凶。做法有時是從中午開始，直到第二天早上，乩童在大街上跳上跳下，舞著刀子，扯著頭髮，頭撞地，然後告知船隻是否能順利抵達。

由於沒有華人婦女到萬丹，華人男子有了錢就在當地買一個女子，生下很多小孩。如果要回國，不再回到萬丹，他們就把這名女子賣掉，只帶子女

同行。又因為擔心以後回不了國,所以華人男子都把長頭髮留著,不敢剪短,不過小孩就沒有這個顧慮。

一六一九年荷蘭人在原屬萬丹的巴達維亞港建立了殖民總部,與萬丹展開商業競爭;一六七〇年代至一六八〇年代萬丹與巴達維亞連年征戰,最後淪為荷蘭保護地,其商業地位為巴達維亞取代。

閩南人新天地巴達維亞

從十七世紀起,荷蘭、英國勢力的進入,打破了葡萄牙、西班牙壟斷亞洲市場的局面。

一六〇三年,荷蘭人在萬丹建立了商館後,在一六一〇年又與當地土王簽訂了商務條約,獲准在萬丹東邊其轄下一個稱為雅加達(Jayakarta,一六一八年以後改稱Jacatra)的港口建造一所倉庫。一六一八年,荷蘭東印度公司總督科恩(Jan Pieterszoon Coen)上任,將公司營運總部從萬丹搬遷到雅加達,引起了萬丹王子的不滿,求助於英國東印度公司,想把荷蘭人趕走。荷、英兩國為此展開了激烈的商業利益爭奪戰,最後英國人損兵折將,退出了印尼。在與英國人爭奪過程中,荷蘭人將雅加達改名巴達維亞(Batavia)。

這一時期也正好是爪哇島中部平原的瑪他拉姆王國(Kingdom of Mataram)崛起的時候。國王阿昆(Sultan Agung Hanyokrokusumo)為了擴大商業利益和管轄領域,連年對萬丹土邦和巴達維亞發動了征戰,但萬丹和巴達維亞都分別承受住了這些攻擊,並在新的亞洲商業時代的浪潮中,繼續擴大它們的商業王國。

一六二四年,荷蘭東印度公司正式占領台灣大員,公司成為當時世界上最大的企業,員工多達上萬人,商館與貨倉分布在從日本平戶到占城、暹

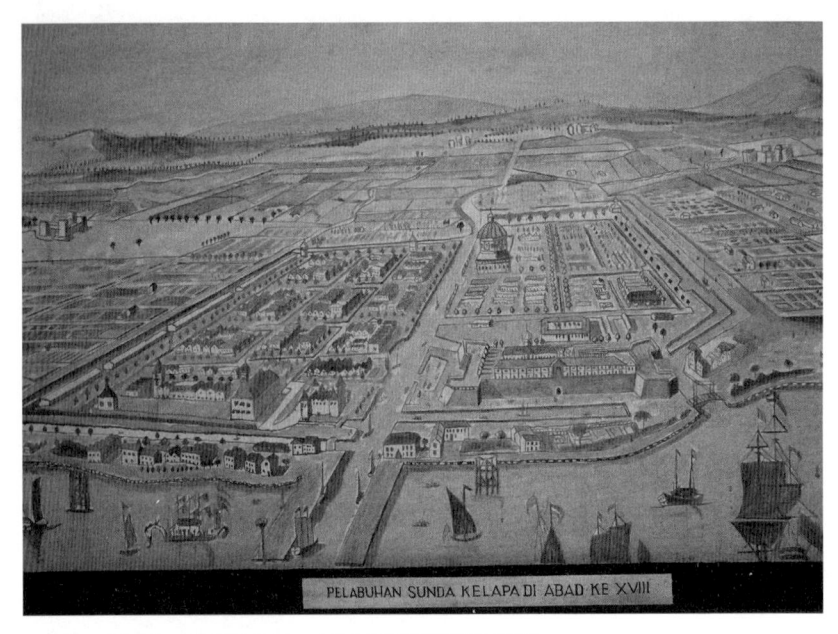

◆雅加達海洋博物館展出的原荷屬東印度公司巴達維亞總部使用的港區模型。

羅、錫蘭、南非的廣大地域。

荷蘭人又將葡萄牙人在馬來半島的勢力逐步趕走,並在一六四一年正式取代了葡萄牙人,成為麻六甲的主人。從這一時期起,荷蘭東印度公司進入了它的黃金時期。

荷蘭科恩總督占領巴達維亞後,首先是仿造阿姆斯特丹的布局,打造這個新興的商業港市,在市區內挖掘運河和鋪設街道。為了推動這些工程,他從非洲東岸和錫蘭、印度運去了大批奴工。可是他對這些奴工的工作表現很不滿意,最後把主意打到了中國人頭上。

在荷蘭人占領巴達維亞初期,當地華人人口只有四百,[18] 根本不能滿足科恩的需求,因此在一六二二年,他派出船隊,前往福建沿海搶掠村民一千四五百人,先運到澎湖當奴工,建造城砦,當中不斷有人餓死、病死,

剩下的五百多人再被運往巴達維亞，沿途又死去四、五百人，最後只剩三十三人抵達終點。

由於華人前往萬丹經商居住的不在少數，科恩又下令從中國過來的華人船隻不得前去萬丹，並派船拆毀萬丹當地的華人房屋，擊沉中國船隻，強迫華人移居巴達維亞。慢慢地，巴達維亞的華人人數有所增加，但是增加速度緩慢，到一六二九年為止的十年期間，僅增加到兩千人而已。[19]

為了便於管理，科恩建立了由華人管理華人的制度。華人的頭人由科恩親自任命，稱為「甲必丹」（Kapitein Chinees）。後來視需要慢慢增設了「雷珍蘭」（Luitenant Chinees，甲必丹副手），「武直迷」（Chineesche boedelmeesters，孤貧事務主理）、「朱葛礁」（Secretarissenen，書記）、和供甲必丹使喚的「唐兵卒」（Soldaats）等。

華人的首任甲必丹為大商人蘇鳴崗（荷蘭人稱他Bencon）。他是泉州同安人，在一六一九年十月上任。之前，他在明萬曆年間，曾率十幾人至萬丹經營數載，荷蘭人占領巴達維亞後，與科恩總督建立了關係，由萬丹遷居，成為華人首領。一六三六年他搭乘荷蘭船隻抵達台灣，獲任為荷蘭駐台長官的政治顧問，並在台經營農業，從中國招集了貧苦農民種植大米和甘蔗。後因經營不易，在台停留三年多後返回巴達維亞，任華人遺產局局長，於一六四四年病逝當地。[20]他赴台後，由林六哥繼任其甲必丹的職位。

在往後的歲月中，隨著荷蘭亞洲殖民帝國的擴張，閩南人為主的華人或從商、或墾荒種植，在巴達維亞繼續發展，與荷蘭人形成了共生關係。隨著荷蘭人食糖貿易的增加，甘蔗的種植和食糖的製造日益需要大量華工，華人的蔗園和製糖作坊越來越多，以苦力形式移民巴達維亞的華人也越來越眾，人數上萬，甚至占有巴達維亞及其周圍地區人口的半數以上，給荷蘭人造成了很大的壓力，進入十八世紀後，開始出現了限制華人苦力移民的呼聲，但因荷蘭人需要各種廉價勞工，實際上也禁止不了華人的湧入。

一七七〇年（清高宗乾隆三十五年）到過巴達維亞的一位英國植物寫生家帕金森（Sydney Parkinson）在他的航海日誌中，對巴達維亞閩南人為主的華人生意人有過生動的描述，雖然這時已進入華人在巴達維亞生根一百多年之後的時期，但是仍然可以從他的描述中，想像早期此地華人類似於馬尼拉唐人的發展生態：

　　「（巴達維亞）居民多數是唐人，城裡和城外的人數都很多。唐人街在市區的南邊（往內陸的方向），面積很大，但是很亂，較有錢的唐人都住在市區裡面。開店的多數是唐人；他們製糖和釀造各種各樣的甘蔗酒。開酒坊的，如果不拉一些唐人入夥，就開設不成。他們也種各種各樣的蔬菜供應巴達維亞。這些唐人當中還有銀匠、錫匠、木匠、櫥櫃匠、打鐵匠、補鞋匠、理髮匠、挑擔叫賣的小販、商家和攤販。不管多麼低賤的行業，他們照幹不誤。儘管荷蘭人給他們施加了重重限制，他們還是能找到活命的空隙，而且還能夠存錢。荷蘭人向他們抽取人頭稅，每個人每個月要交一塊銀元，也就是六先令八分錢。」[21]

閩南人海上版圖的擴張

　　荷蘭人占領巴達維亞後，閩南人商業版圖的擴張日益加速，至鄭芝龍、鄭成功父子時期及於巔峰。一幅推測是在萬曆三十八年（公元一六一〇年）之後繪成的明代航海圖（見隨本書附贈的地圖），[22] 結合了歐洲繪製地圖的概念與技術，較精確地標示了從日本到印度洋的亞洲地名，這些是當時的中國人對周邊世界的深度理解，也是十六世紀初期閩南航海家們足跡所至的天涯海角。這個以漳泉為中心投射出去的地理疆域，就是閩南人的海上版圖。

　　這幅地圖的閩南人版圖，北起朝鮮半島和日本本州中北部的新潟、仙台

一帶,南至爪哇全島和東帝汶,東至香料群島的安汶(Ambon),西至蘇門答臘島最西端的亞齊和印度洋上的安達曼與尼可巴群島。

值得注意的是,在這幅圖中,在泉漳之東有彭湖(澎湖島)、北港和加里林(今台南佳里)[23]兩個地名分列南北的台灣島。

從宋代以來中國航海家們即開始使用的萬里長沙(西沙群島)和萬里石塘(南沙群島),也都清楚標示在南海船隻航行線路外側。

在當時亞洲最活躍的這個經濟地域內,從事海洋經濟活動的人數、所覆蓋活動區域的廣度,以及活動據點的數目來說,無疑要以閩南人為各國商民

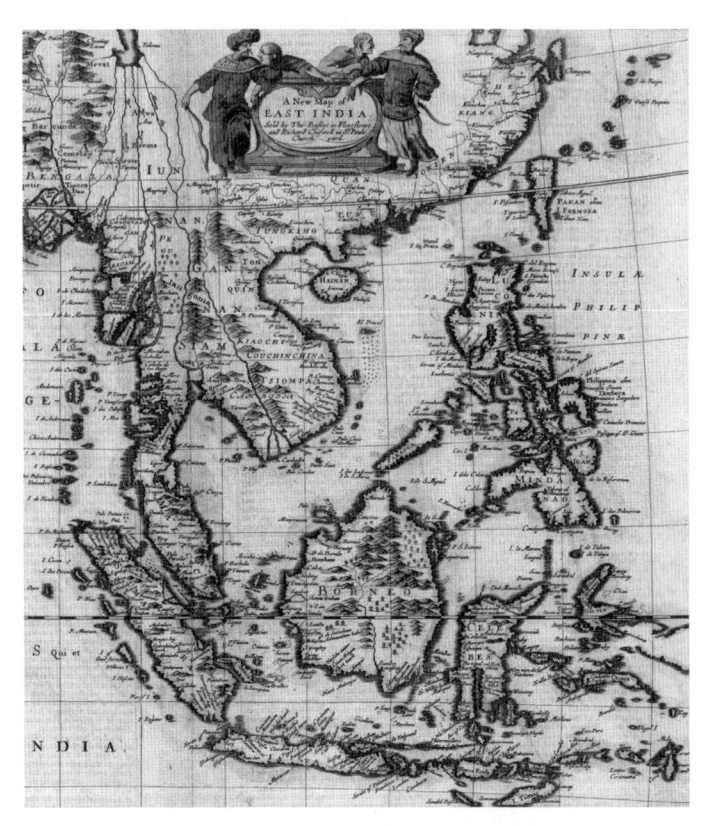

◆一六七六年倫敦出版的東印度地圖,涵蓋了閩南人當時的海上版圖的絕大部分地域(日本九州地區並未列入)。

第八章　閩南海上帝國與南海文明的興起

之最，歐洲人、馬來人都無法望其項背。不論是葡萄牙人之外的歐洲人無法出入的澳門，西班牙人之外的歐洲人無法進出的菲律賓，荷蘭、西班牙人占據台灣後其他歐洲人無法通航的台灣，一六三三年鎖國後荷蘭人之外的歐洲人無法進入的日本，以及受到殖民國或統治者劃定其往來對象的南海諸邦，都是閩南人及其海船可頻繁登岸的地點。

從所經營的經濟行業內容來說，閩南人涉足的領域也遠非其他各國商民可比，幾乎涵括了當時可以想像的所有領域，包括航運、生產與製造、商販、種植、開礦、食品供應、工匠和服務等形形色色的經濟活動。

具體的事例是，在澳門，葡萄牙人必須依賴當地的中國海船和船員來進行對日貿易。一五八二年在台灣遇難的船隻為中式帆船，以及船上有八十名中國人船員的事例，[24] 說明了葡萄牙人對中國人的依賴程度。明代遣使琉球，船工多為漳州人，[25] 澳門開埠後與葡萄牙人合作的對象多為閩南人，因此使用的船員也應以閩南籍為主。

在南海諸邦，閩南人在人數上僅占少數的歐洲人與信仰伊斯蘭為主的當地人之間，建立起了經濟橋梁，提供了資金、知識、技藝與充裕的人力，使兩者的需求獲得更順暢的銜接，從而幫助推動南海諸邦的熱帶原料商品更快速進入世界市場。

更重要的是，閩南人是歐洲人可賴以建立中國貿易聯繫的唯一管道。在明朝政府的種種貿易限制下，中歐貿易能夠長期維持不墜，明朝中後期能夠開放漳州月港與廣東澳門兩個窗口，吸收大量白銀外匯，閩南海商可謂功不可沒。相對的閩南人也成為歐洲文化與先進技術的最早引進者，尤其是對西洋大砲的仿製鑄造，更走在中國人的前列。

天啟四年（一六二四年）中荷軍隊對峙澎湖，荷蘭人在明軍大軍壓境下被迫退占台灣，當時的廈門水師已擁有仿鑄的千斤甚或數千斤重的西式大砲。[26] 待鄭芝龍勢力興起後，其船堅砲利更所向披靡，因此能夠實際成為台

灣海峽的主人,連荷蘭人都不能不看其臉色行事。鄭成功繼起後,其賴以擊敗荷蘭人收回其父故土台灣的實力,亦主要是因為他已經擁有了比荷蘭人更強大的大砲和更訓練有素的軍隊。[27] 康熙元年（公元一六六二年）他的部隊在最後擊敗荷蘭人的攻堅戰中所使用的大砲砲彈,最重者達三十磅或三十六磅,而當時荷蘭東印度公司的船砲,最大者亦不過使用二十四磅的鐵彈而已。[28]

正是因為鄭成功的部隊所擁有的戰爭實力,在其進軍台灣之前,連兩千里外的馬尼拉西班牙人,都對其畏懼不已,時時擔心他下令南下攻擊。海峽對岸的荷蘭人就更不用說了,經常派人打聽他是否會出兵台灣。

但是,鄭氏家族所擁有的不只是軍事實力,還擁有強大的經濟實力,他的商船航行到閩南人的海外據點所存在的任何地方,與各地的閩南人聲氣相通。「凡中國各貨,海外人皆仰資鄭氏;於是通洋之利,惟鄭氏獨操之,財用益饒。」[29]

即使是鄭成功去世後,兒子鄭經仍在清朝的嚴厲封鎖之下,保持海外強勢作為。「興造洋艘、烏船,裝白糖、鹿皮等物,上通日本;製造銅、倭刀、盔甲,並鑄永曆錢,下販暹羅、交趾（今越南北方通稱）、東京（今河內）各處以富國。」康熙五年（公元一六六六年）西班牙人教士到台灣,參見鄭經,擬請准在台傳教,被警告說:「凡洋船到爾地交易,不許生端勒掯。年當每船進貢或舵或桅一。苟背約,立遣師問罪。」[30] 鄭經對西班牙人展現的這種強勢姿態,客觀反映了當時的明鄭在南海區域的軍經實力。

以鄭氏家族為代表的閩南人的這種軍經實力和商業網絡,在從東亞到東南亞的廣闊海域及其周邊地域,結成了一個龐大而又無形的閩南人帝國。這個帝國在中國歷史上是沒有先例的,因為它並無國家力量的支撐;它的組成成員也只是操著同一種方言的商人、農民和工匠而已,並不是有組織的武力。但是,他們是中國封閉時期國力向外和平延伸與疆土擴張（台灣）的主

力，是歐洲人賴以在亞洲存在和拓展的依恃力量。在其帝國範圍內，世界最大宗的商品幾乎都有他們參與生產、製造或流通，他們經手運輸的瓷器、絲綢、香料、茶葉和白糖等，不斷流向日本、墨西哥和歐洲；反過來作為世界貨幣的白銀，又透過商品的交易，從日本、墨西哥和歐洲人的各個據點源源流入他們的手中。

直至清政府消滅了台灣鄭氏政權從而切割了閩南人龐大的商業版圖為止，閩南人在海內外勢力所及的完整地域內，一直都是吸納全球白銀外匯的巨大磁場。閩南帝國成為名副其實的白銀帝國。閩南人源頭的漳泉地區，也開始步入了前所未有的繁榮時期。雖然這個繁榮時期因為清人封鎖了閩南人的海外通路後突然中斷，但是歷史的榮景並未因為朝代的更迭而一去不返；三百年後，在鄭成功帶領閩南子弟自荷蘭殖民者手中搶回的台灣，它又再度展現光華，成功打開了吸引世界外匯源源流入的通道，並在上個世紀末期，將這條通道接通中國大陸，促成中國大陸在亞洲創造和引領經濟發展的奇蹟！

南海文明的興起

在十六、七世紀閩南人和歐洲人勢力的互動下，在東亞和東南亞出現了可稱之為「南海文明」的一個新型文明。它是立足於海洋與島嶼的文明，有別於中國傳統的陸地文明；它揉合了中國、日本、歐洲和東南亞文明中的海洋活動元素，是儒家、佛教、印度教、伊斯蘭與基督教等世界最主要文明首次交會碰撞的產物，是當時在一個地域內集合了最多元種族與語言的商業文明。它以圍繞南海（South China Sea）海域的邦國為其組成單元，以海洋貿易為活動核心，以島嶼口岸為依託，以中國商品和熱帶產物為主要貿易內涵，成為推動人類第一波全球化的最重要基地。

這個文明圈大體以萬曆年間明人所繪的航海圖範圍為其地域範疇，即當時閩南人的最大活動範疇，北及日本九州，南至蘇門答臘與爪哇構成的東西向島弧南緣，與澳洲為界；西達印度洋東緣安達曼和尼可巴群島，東抵香料群島。這也是日本研究東西文明接觸史與比較經濟史的學者川勝平太所稱的「海洋亞洲」（Maritime Asia）的範疇。[31] 澳門與台灣為文明圈中北聯日本、南通南海諸邦的樞紐。

　　這個文明圈的前身是明朝概念中的東西洋範疇，是隋朝以後中國商船頻繁出入的場所（至唐朝末年為止，船隻主要由廣東口岸出發，以後逐漸轉移到福建口岸），大致從宋元起，中國商民已在一些口岸建立了牢固的立足基礎。

　　南海西側，即明朝所稱「西洋」的範疇，包括中南半島與馬來半島諸邦國，是一千多年來受到婆羅門教、佛教和後來的印度教影響的地域；位於南緣的爪哇和蘇門答臘島以及南海東側的「東洋」，包括北婆羅洲的文萊和菲律賓島嶼，則受到十三世紀後期開始迅速傳播的伊斯蘭影響。這些宗教的力量塑造了南海文明的原始格局。中國商民與這些不同宗教信仰地區保持了良好的商業往來。一五六七年，占領菲律賓宿霧島的西班牙人發現中國商人與呂宋島和民多洛島的摩洛人有生意來往。[32]

　　西班牙人與荷蘭人的勢力在南海地域的出現，改變了南海文明的原有格局，尤其是西班牙天主教會的強勢作為，更徹底轉變了菲律賓島民原有的信仰生態。西班牙人仿效在墨西哥、秘魯等地的做法，在馬尼拉市中心設立了大教堂，作為鎮壓他種信仰的象徵，居民多被迫改信天主教，但是菲南島嶼則頑強抵抗了這種宗教壓迫，保持了原來的伊斯蘭信仰，西班牙人屢欲剷除而不果。至今菲律賓南部仍是亞洲伊斯蘭信仰的重要區塊。

　　荷蘭人是虔誠的基督新教信徒，但是他們統治前期對轉變當地居民的信仰並未採取強勢做法，因此荷蘭人占有巴達維亞後，當地居民在保持自己的

信仰上與荷蘭人大體和平相處了相當長的時期。

此外，當地的伊斯蘭信仰已經成為紮實的本土信仰，融入了更早傳入的佛教、印度教和部落信仰的某些成分，因而已經對原來的伊斯蘭教義做出調整。

除了閩南人、歐洲人外，處於南海文明圈最外緣的日本人，也一度為南海文明注入了日本文化色彩。

從豐臣秀吉統治的晚年起，日本開始派出朱印船（領有幕府所發的出航許可「朱印狀」的船隻）船隻出航前往南海諸邦從事海外貿易，單是一五九二年的首次出航，就有九艘往訪馬尼拉、澳門、安南（即交趾）、東京（河內）、金邊、六坤、北大年等處。德川家康繼豐臣秀吉成為日本統治者後，從一六○四年至日本鎖國的一六三五年，總共發出三百五十多張朱印狀。跟隨朱印船到南海各邦並定居下來的人數從數百至數千不等，如在暹羅大城的就有一千五百多人。日本人居住的日本人町猶如唐人街，點綴了馬尼拉、會安大城、金邊和巴達維亞等港市。[33]

在這個文明圈內，閩南人扮演了強勢的歐洲人與弱勢的海島民族之間的平衡角色。他們秉承鄭和船隊的和平傳統，以友善經商為宗旨，不炫耀武力，不掠奪當地資源，不屠殺土著，與殘暴殖民統治的荷蘭人和西班牙人的行徑，有著鮮明的對比，並因此成為歐洲人欺凌的對象。但因為他們在整個供應與流通環節中不可或缺的地位，其與歐洲人和本地人之間的共生關係始終維持不變。

與華人相較，日本人在南海諸邦的地位，表面上看似不相伯仲，但有本質上的不同。由於住在各港市的日本人，多為德川家康統一日本後難以在日本立足的流浪武士，是一群好勇鬥狠之徒，這些人不像農民出身的當地閩南華人那樣，在異地仍有宗族或同鄉勢力的相互約束，個性息事寧人，因此往往成為歐洲人的傭兵和屠殺華人的幫兇。[34] 他們還販售武器，介入當地政

爭，在大城甚至成為王室護衛，參與了暹羅內戰。但是，他們受到日本幕府對外政策的牽制，也不能像閩南海商一樣將海外貿易的主導權掌控在自己的手中，因此在南海海域的存在如曇花一現，在日本鎖國之後很快就銷聲匿跡了。

　　滋養了華人、歐洲人和日本人外來者的本地人社會，早在歐洲人到來之前，已與中國、印度和西亞各國有了久遠的貿易往來。位於中南半島的安南、真臘（柬埔寨）、暹羅、緬甸等國，屬源於印度的南亞語系，早已立國，受印度教與佛教影響，政治體制相對完整。華人船隻抵該處，一般是交稅後准予交易。這一帶港口也是歐洲人到來亞洲之前，琉球人購買中國絲和當地產物及西亞貨物再轉販日本，甚至朝鮮的轉口港埠。荷蘭人、英國人抵達亞洲初期，也仿效類似的方式從事轉口貿易，並因日本船隻開始直接南下交易，琉球的南海貿易遂告中斷；經濟來源的斷絕，導致其在一六○九年，即有馬晴信出兵台灣的同年，為日本薩摩藩以琉球攻擊明朝赴日商船為由，出兵三千（萬曆三十七年）予以併吞。琉球地位的變化是今日釣魚台之爭的直接原因，日本以擁有琉球而宣稱對釣魚台的主權；東海、南海貿易局勢的變化，影響了中日關係不靖達四百年以上。

　　在南海東側和南側的島嶼群，包括菲律賓群島、爪哇、蘇門答臘和馬來半島南段，是伊斯蘭文明主導的世界，居民主要是南島語系，由許多小邦的蘇丹（土王）治理，相互之間時相利益爭奪；十七世紀初歐洲人到來初期，最強大的是統治了西爪哇與南蘇門答臘胡椒產區的萬丹蘇丹王國，這裡很早就吸引了大批閩南商販的到來。但是一六一九年荷蘭人占領其貿易港口雅加達（改名巴達維亞）後，雙方的貿易爭奪與利益衝突持續了將近兩百年，最後在一八○八年為荷蘭人併吞。

　　在歐洲人勢力持續擴張的過程中，在歐洲人、閩南華人和東南亞人的相互依存關係下，南海區域迎來了經濟發展的高峰。總計荷屬東印度公司在

一六〇二年創建之後的兩個世紀當中，共派送了近四千八百個船次和將近一百萬名歐洲人到亞洲工作和生活，[35] 不僅帶動了前此未有的歐洲人與亞洲的接觸，也透過商品在歐洲的銷售，將東亞和東南亞文明傳播到全世界。

同時，隨著歐洲人的大量到來，他們帶來了豐富的地理與海洋新知，引進了西方醫學，加速了軍事的變革。反過來，在整個十七世紀，荷蘭人從積累的財富，躍身而為歐洲的一等強國，開創了一個全新的歐洲人世紀。

清初平定台灣和鄭氏家族的勢力衰微之後，閩南人縱橫海洋的黃金時代開始遠去，南海文明也因十八世紀之後歐洲人殖民與爭奪東南亞的變本加厲而失去了光彩。但進入二十一世紀，亞洲又再度成為引領世界經濟前行的領頭地域，曾經不可一世的歐洲疲態盡露。南海及其周邊各國在中國大陸經濟成長的帶動下，開始出現了擺脫長期經濟落後局面和再現南海文明光芒的希望。但是，一場南海風暴正在形成之中，圍繞著爭奪南海主權與資源的危機正在到來。南海各國能否避開這場危機，共創繁榮的未來，是所有相關國家都必須正視的新歷史課題。

●註釋

1　Mamorum Shibayama 等，*Mapping Historical Maritime Exchange Between Vietnam, Thailand and Japan*（《史上越南、泰國與日本之間的海上交流》），International Symposium on Geoinformatics for Spatial Infrastructure Development in Earth and Allied Sciences 2004（二〇〇四年地學與相關科學空間基礎結構的發展地理資訊國際研討會）論文。

2　Charles Wheeler, *A Maritime Logic to Vietnamese History? Littoral Society in Hoi-An's Trading World c.1550-1830, Seascapes, Littoral Cultures, and Trans-Oceanic Exchanges*，會議論文，二〇〇三年。

3　一六三〇年代以後，因日本德川政權的鎖國，日本人的海外貿易即告終結，直到十九世紀開放鎖國後，才恢復與海外的交往。

4　大汕，《海外紀事》卷四。

5　Li Tana and Anthony Reid, eds. *Southern Vietnam Under the Nguyen: Documents on the Economic History of Cochinchina (Dang Trong, 1602-1777)*, Singapore: Institute of Southeast Asian Studies, 1993，第三十一頁引日本人五郎右衛門在一六四二年給荷蘭東印度公司的報告。

6　泰國外交部網站資料。

7　據新加坡國立大學海外華人研究網站，見 http://www.lib.nus.edu.sg/chz/chineseoverseas/oc_shequ_thailand.htm，引一六八七年法國派駐大城使臣Simon de la Loubere（勞貝里）的資料。

8　同上網站資料。

9　泰國外交部網站資料。

10　連橫，《台灣通史》。

11　鄭信後來因精神錯亂，遭到部下放逐，吞武里王朝只存在了十五年。他的養父母親生的兒子拉瑪一世繼承了他的勢力，在今天的曼谷建立了一直延續至今的恰克里王朝（Chakri）。

12　據 *The Philippines Islands*，*1493-1898*（《菲律賓群島，1493-1898年》）第三卷，第八十一頁。關於西班牙人占領馬尼拉的經過，見上章。

13　《菲律賓群島，1493-1898年》，第三卷，第一四六～一四七頁。

14　《菲律賓群島，1493-1898年》，第七卷，第二一九頁，Domingo de Salazar 的書信。

15　見上書第七卷，第 Domingo de Salazar 的書信。

16　同上，第十四卷，菲律賓主教關於與中國關係的報告。另據同書第十四卷西班牙核證進入菲律賓中國船隻裝載人數的官員紀錄，一六〇六年抵達菲律賓的船隻，平均裝載人數從數十人到四百多人不等。最多的裝載了四百九十二人，足見運量之大。

17　載於英國劍橋大學神學士 Samuel Purchase 於一六二五年編成並由 Glasgow 大學於一九〇五年出版的二十二卷叢書《先行者》（*Pilgrimes*）第二卷第四三八～四九六頁內，全書書名為 *Hakluytus*

Posthumus or Purchas his Pilgrimes, contayning a History of the World in Sea Voyages and Lande Travells, by Englishmen and others。

18 許雲樵校註，〈開吧歷代史紀〉，《南洋學報》，一九五三年六月，第九卷，第一輯，第二十五頁校註。

19 同上，第二十四頁校註。

20 許雲樵據《南洋年鑑》，第十編，華僑頁。又蘇鳴崗被任命為甲必丹的的委任狀如下：「今因有華人約四百名，居於此地，在吾人保障下，故應委其一人為首領，以增強及維持法律與秩序。為此之故，已由華人方面公推一人名鳴崗（Bencon）者主之。現核准該鳴崗應委為華人之領袖，有權處理一切民事，並與吾人共策進行。」

21 Sydney Parkinson, *A Journal of a Voyage to the South Seas*（《南海航行日誌》）。見 http://southseas.nla.gov.au/journals/parkinson/218.html。

22 據住在香港的文史研究者陳佳榮之研究，該圖應繪製於一六二〇年代初期，但在荷蘭人據台之前。見〈新近發現的《明代東西洋航海圖》略析〉，http://www.world10k.com/blog/?p=2025。

23 一六〇三年跟隨追逐倭寇的明朝水師將領沈有容到過台灣的福建連江人陳第所撰寫的《東番記》中所載台灣地名之一。他在該書開頭即提到：「東番夷人（指台灣平埔族先住民）不知所自始，居彭湖外洋海島中，起魍港、加老灣，歷大員、堯港、打狗嶼（高雄旗津）、小淡水、雙溪口、加哩林、沙巴里、大幫坑，皆其居也。」

24 見上章〈歐洲人與台灣的最早接觸〉一節。

25 嘉靖年間陳侃出使琉球，他在《使事紀略》中記載：「漳人以海為生，童而習之，至老不休者，風濤中色不少動。」

26 參考黃一農，〈明清之際紅衣大砲在東南沿海的流布及其影響〉，中央研究院歷史語言研究所集刊，第八十一本，第四分，二〇一〇年十二月，第七八二～七八三頁。

27 Tonio Andrade（歐陽泰），*Lost Colony: The Untold Story of China's First Great Victory over the West*（《失去的殖民地：未曾透露的中國首次戰勝西方的偉大勝利》），Princeton University Press, 2011，第二八六頁。

28 〈明清之際紅衣大砲在東南沿海的流布及其影響〉，第七九八頁。

29 《臺灣文獻叢刊》／四四／《裨海紀遊》／鄭氏逸事（原題〈偽鄭逸事〉），第四十八頁。

30 江日昇，《台灣外記》第十三卷，上海古籍出版社，一九八六年，第二二九頁。

31 見川勝平太提交日本國際政策研究所（IIPS）研討會（二〇〇七年十月十六日）的論文，Maritime Asia as the Pivot of Globalization in Historical Perspective（〈從歷史角度看曾為全球化軸心的海洋亞洲〉），http://www.iips.org/07mar/07marKawakatsu.pdf。川勝平太現任日本靜岡縣知事，曾任靜岡

文化藝術大學校長。

32 見第三章,「西班牙人抵達菲律賓」一節。

33 本段主要參考李德霞,〈日本朱印船在東南亞的貿易〉,《東南亞南亞研究》,雲南東南亞南亞研究院期刊,二〇一〇年第四期。

34 馬尼拉西班牙人在一六〇三年屠殺華人事件中,動用了五百名日本浪人屠殺逃散華人和搶劫澗內的店鋪。

35 Jonathan Israel, *The Dutch Republic, Its Rise, Greatness and Fall, 1477-1806*(《一四七七～一八〇六年荷蘭共和國的崛起、興盛和衰落》),Oxford 出版社,一九八八,第三二八頁。

附錄
一幅展現了明代閩南人海洋視野的地圖

　　約一年前，住在廈門擔任《過台灣》紀錄片編導的熟朋友梁忠軍，發來了一封電子郵件，問我知不知道新近與世人見面的一幅明代航海地圖。他提供了收藏該圖的英國牛津大學波德林（Bodleian）圖書館的網址。拜現代網路科技之賜，展現在眼前的是令人震撼不已、無法相信是由中國人繪出的一幅彩色海圖。

　　這幅海圖是明末東亞和東南亞海域的航海路線圖，繪於長一·五公尺、寬一公尺的薄紙上（因未見過原圖，無法確知其材料，但推測可能是宣紙）。它的珍貴之處不僅在於它承襲了明初彩色地圖的繪製特點和呈現了類似十七世紀初歐洲地圖的寫實風格，更在於它顯示出當時中國的航海家們所積累的豐富地理知識，已經達到了歐洲的航海家們和地圖製作公司的同等級別，而這種知識是當時的中國朝野所極度缺乏也極度需要的。

　　這些地理知識表現在該圖對所涵蓋地域和島嶼輪廓與地名位置的大體準確理解上，這是歷代中國製作的地圖所缺少的；而且這是一幅顛覆中國傳統地圖的東西長、南北寬布局，不再把中國陸地當成世界中心的南北走向東亞-東南亞完整海域圖。雖然圖上沒有歐洲地圖常有的經緯度，但是卻繪有以泉州為起點（以小圓點標示）往來江浙、日本、琉球和南海諸邦，甚至是印度洋的船舶實際航行線路，例如從泉州北上日本的航線，經福州時分出支線向東經釣魚台諸島至琉球，這條路線在十八世紀日本人所繪的東海地圖中，仍然存在。因此，可以推斷，該圖既融合了中國航海家們豐富的海洋知識，也採納了歐洲地圖的布局概念，將地圖範疇從傳統的中國陸地擴大到整個東亞

與南海區域，從而把明初鄭和船隊的蹤影消失在海平線上後中國人逐漸淡化的海洋視野，再度展現在世人的眼前。

明代航海圖是如何重見天日的？

這幅珍貴的明代航海地圖（為方便說明，以下簡稱「明代航海圖」）是中國人在歐洲人東來時期，積極投入引領全球化的大航海時代的具體象徵與物證。在它重新進入人們的視線之前，當今的中國人和全世界都不知道有這幅地圖或類似地圖的存在，在它重見天日之後，西方史學界高度重視，中國的學者們也紛紛針對它提出各種論證與解釋。它的出現，不僅為中西海上交通史的研究補充了新的題材，也為中國與東南亞、印度洋周邊國家和阿拉伯世界的交往，提供了可貴的歷史見證。

明代航海圖也是十七世紀初期荷蘭人占據台灣之前，中國大陸沿海之民對台灣印象的體現。圖中以北部的「北港」[1]和南部的「加里林」（可能是今台南佳里）兩個地名代表台灣全島，兩者之間被東西向的大山隔離，北部另標上代表「雞籠山」的小山；澎湖則註為「彭湖」。十七世紀初福建連江人陳第《東番記》篇首度提到了「彭湖」和「加哩林」等地名，但未提到北港。

這是至今所發現最早畫出台灣相對於泉州、琉球和菲律賓的地理位置和山川走向的中國彩色地圖，也明確標出了從福州前往琉球的航線沿途所經的台灣北部外海多個島嶼，這些島嶼應為今天人們所熟知的釣魚台群島。因此這幅海圖也是最早畫出台灣北部海島地理環境的地圖，對後人理解台灣早期的周邊環境，具有極重要的參考價值。

但是，明代航海圖的重見天日，卻是偶然發生的，並帶有傳奇性質。據波德林圖書館網頁和其他相關資料，其原收藏者是倫敦著名的律師和法學與東方學學者雪爾登（John Selden, 1584-1654），他生前曾大力推動英國學界研

究東方，並收藏了一些東方文物與大量的東方抄本，該圖即為其藏品之一。

這幅地圖原與一個看風水用的中國羅盤放在一起，由一位英國艦隊司令收藏，後為雪爾登取得。他在去世前一年立下的遺囑附錄中，指明要將他的遺物捐贈給公眾圖書館，因此，這兩項物品，包括大批中國書冊在內，在一六五九年進入了波德林圖書館的卷藏。

直到二十世紀初，波德林圖書館仍不時將這幅圖卷展示給訪客。但因年代久遠，地圖開始碎裂。為了搶救，圖書館利用當時認為最先進的技術修補，在其背面褙以厚棉布，但情形更糟，地圖乾後縮成皺皺的，而且每次展開來，碎片即不斷掉出，難以再供大眾使用，只好將其束諸高閣，從此幾乎完全從人們的視野中消失。

但是，經有心學者的認真研究和專家的細心修補，這幅地圖又奇蹟般地重見天日，再次出現在人們的眼前，其珍貴的歷史價值及其背後製圖者的視野與智慧，受到了觀圖者的讚歎。

最早發現這幅地圖史料價值的是美國喬治亞南方大學（Georgia Southern University）歷史系專門研究中英早期關係史的副教授伯切爾博士（Dr. Robert K. Batchelor）。二〇〇八年一月的某天，他在波德林圖書館的中國部做完研究，正要離開即將下班的圖書館，準備飛返美國。臨別看了一眼圖書館為他提供的一份收藏圖卷，這是他根據早期的研究學者編列的該館中國收藏清單向圖書館借閱的，上邊是差不多三百年前圖書館收到這份圖卷時寫上的名稱：「從雪爾登處取得的很大一幅奇怪中國地圖。」

這幅已經打開的圖卷立即吸引了他的全部注意力。圖上以航線而非以經緯度標示的手法以及對阿拉伯半島與非洲東岸的航路與日程說明，尤其是對海洋而非對中國本土的側重，使他敏銳地覺察到眼前這幅圖卷絕不是普通的中國古地圖，而是歷史價值非凡的重大發現。

可惜的是圖卷已經殘破不堪，必須好好修復，才能與世人見面。大英圖

書館和大英博物館各派出一名修復專家幫忙，波德林圖書館的兩名修復員與他們一起，先用純淨的蒸餾水噴濕地圖，將上個世紀不當貼上背面的棉布與地圖紙張分開，再將剝落的彩色碎片一片片細緻拼湊補回，而後用日本紅海帶提取的粘劑將地圖敷上新的紙背，這樣用了將近一年的時間，才大體將地圖修復成原樣。

誰是製圖者？

地圖的修復難題解決了，但是仍有太多的問題等待解答。首先，是什麼年代繪製的，何人何處製作？是參照什麼資料製作的？

對這些問題的答案，至今可較為確定的是，製作的時間大約在一六一九年之後，最遲不會遲於荷蘭人占領台灣南部的一六二四年。做出這樣判斷的依據是荷蘭聯合東印度公司總督科恩（Jan Pieterszoon Coen），在一六一九年將亞洲治理總部從摩鹿加群島（又稱馬魯古群島或香料群島）的安汶（Ambon）遷至爪哇島西北部馬來語稱為Sunda Kelap、梵語稱為雅加達的港口（Sunda為爪哇與蘇門答臘之間海峽的稱呼，華人稱「巽他」或「順塔」；Kelapa為馬來語的椰子）。這裡原是萬丹蘇丹的治地，鄰近的萬丹港為主要商業港埠（在該地圖上標為「順塔」）。一六二一年，科恩按荷蘭人德國祖先部族的稱呼將其改名為巴達維亞（Batavia），並為了與萬丹港競爭，強迫住在萬丹的華商與華人搬遷到此，以利開展亞洲貿易。當地華人習慣上以Kelapa的閩南語發音稱之為「咬留吧」或「葛喇吧」，意即「椰城」。從此「咬留吧」或「葛喇吧」取代了「萬丹」（即「順塔」），成為爪哇島最重要的港口城市。

因此，從地圖上標列的爪哇島西北「咬留吧」與「順塔」兩個重要地名，大致可以推斷這幅圖是成於一六一九年之後。在一本成書年代顯然早於

這幅地圖的明代航海指南書《順風相送》中，只提到往返順塔或萬丹的航路，尚無「咬留吧」地名的出現。

同樣，地圖繪製的年代下限，也可以以一六二四年和一六二六年荷蘭人與西班牙人先後占領台灣為參考依據，推斷出在此之前即已繪成。因為從該圖來看，當時的台灣仍未被荷蘭人占領，不像已在一六〇六年和一六〇七年分別為西班牙人和荷蘭人占領的特內特島（Ternate Island，位於北摩鹿加群島，在明代航海圖中被稱為「萬老高」），被標示為「化人住」（「化人」是指西班牙人）和「紅毛住」（「紅毛」指荷蘭人）。

有了大致的繪製年代，就可以進一步推測是何人在何處製作的。

由於明代航海圖是以泉州為南北所有航線的起點，[2]因此波德林圖書館推測是泉州的海商或家族集團在當地製作的，也有學者認為是鄭芝龍家族或元朝滅亡後仍留在泉州的阿拉伯人的後代製作的。

仔細分析，由泉州家族集團製作是可能的，但由鄭芝龍家族或阿拉伯人後裔製作的可能性則不高，原因是鄭芝龍集團的實力是在荷蘭人入占台灣以後才節節上升；阿拉伯人的勢力則是在明朝開國以後為明太祖全面下令打壓，很快加速漢化，明末是否仍有其海商勢力的存在，值得商榷。

如果是泉州海商家族或海商勢力所製作，反而是當時居住長崎、平戶以李旦為代表的泉州人海商勢力，更有可能是這幅地圖的製作者。自一六〇九年和一六一三年荷蘭東印度公司與英國東印度公司分別在平戶開設商館起，在長崎與平戶兩地，財力較為雄厚的泉州人海商勢力，就與這些新來的歐洲人商業勢力和當地日本權貴互動頻繁，並不時有船前往南海。從一六一五年起，他們又共同集資派船抵達台灣，與大陸絲商從事轉口貿易。因此，從荷蘭人在咬留吧設立亞洲總部至占領台灣的這一段期間，他們憑藉著與荷蘭人的親密關係，已儼然成為整個東亞與南海水域內最為活躍的一股海商勢力。再加上李旦本人曾在馬尼拉住過，對於南海各國的情況也相當熟悉，兼與日

本人和歐洲人打交道多年，並在京城派有專人向當朝太監打點，在廈門有其與福建官場勾結的代理人，其勢力的輻射面涵蓋了北起日本、南抵南海諸島的廣大地域，這正是這幅地圖涵蓋的全域，而不只局限於中國周邊或南海範疇，僅由這點來推斷，地圖為李旦集團所製作，似乎順順理成章。

假如這種推斷成立，泉州作為一個歷史悠久的城市，不僅多文人雅士，也應聚集有不少造詣深厚的傳統畫師。新近在美國國會圖書館發現的據稱是萬曆三十年（一六〇二年）完成的《泉州府圖說》,[3]所附多張彩色山川與府衙分布地圖，或許可以說明，到了明末，泉州彩色地圖的繪製已經流行，因而在當地請有經驗的畫師畫出地圖，並非難事。難的是如何取得足夠的地理資料以供畫出地圖。

明代中國因為缺乏類似歐洲的地圖製作公司，收藏地理資料的專門機構也不存在，因此畫出航海地圖所需的資料，只能向具有航海經驗的海商或船員取得。對於像李旦集團這一類有船隻航行各處的海商集團來說，這並不是一件難事。

但由於中國畫師並不懂西方的地圖投影技術和經緯度概念，難的是如何根據已經取得的地理資料畫出較高準確度的地圖。

《順風相送》提供了這方面的答案。當時中國航船的航行方向與距離，主要是以航海羅盤的二十四個針位和航行的「更」數（一天十更，每更二點四小時）說明，例如從泉州往菲律賓北部，「長枝（今石獅市祥芝港），丙巳七更取彭湖，丙午七更去虎尾山，沿山五更取沙馬頭，……輕取大港（呂宋島最北部港口）。」行走這條航線，途經台灣虎尾山、北港沙馬頭，由此可以得出台灣與呂宋島之間的相對距離和位置，並依行船針位連上所經過的海岸線走向，用以畫出島嶼的外形。其餘依此類推。

有否仿照其他中外地圖？

乍看之下，明代航海圖更像是一幅歐洲地圖，而不像中國傳統的地圖，因為它跳脫了傳統中國地圖最遠只及於東海與海南島水域的思維，將覆蓋的海域延伸到整個南海及周邊地區。這就表明在製作的總體思路上，顯然是受到了同時期歐洲人製作的亞洲或世界地圖（包括利瑪竇等耶穌會在華教士製作的世界地圖）的影響；它已將視野投放在中國船隻航行所至的最大範圍，而不是局限在中國本身。

但仔細推敲這幅地圖，卻可發現，無論是在風格上、技術細節上，或是陸地輪廓、島嶼外形、山川走向與植被的標示手法上，它仍是中國傳統的地圖，只是在構圖上更趨近實際情況而已，因此與歐洲人地圖有趨同的現象。

我們可以從中國本土與中國域外兩個部分分別探討這幅地圖的結構與特點。

中國本土部分的製作，延續了明代中國人繪製的彩色地圖風格，並在內陸部分借鑒市面上出現的地圖內容；海岸部分則顯然是依據自身掌握的資料。

舉例來說，目前所發現明代中國人自製的的彩色中國地圖大致有：推測明洪武二十二年（一三八九年）參照元代朱思本的《輿地圖》繪成的《大明混一圖》；推測是正德七至八年（一五一二～一五一三年）繪製的《楊子器跋輿地圖》（楊子器為成化進士）、一五九四年（萬曆二十二年）嘉靖進士王泮所識（誌）彩色《王泮識輿地圖》、一六○五年（萬曆三十三年）繪製的《乾坤一統海防全圖》等。從這些地圖可以發現，明代航海圖大體是沿襲明代地圖的傳統風格，除標示地名和人文區劃外，還以山水手法畫出山川，點綴全圖。

明代航海圖內陸部分與《楊子器跋輿地圖》和嘉靖三十四年（一五五五

年）金沙書院刻本中的《古今形勝之圖》的疆域外形極相類似，西南達黃河源頭呈葫蘆形狀的星宿海，與印度洋相鄰近。在《楊子器跋輿地圖》和《古今形勝之圖》中也都呈現同樣的特點，顯見明代航海圖的內陸部分是參照了這兩幅地圖中的一幅或類似的明代疆域圖。其中又以參照《古今形勝之圖》的可能性更大，因為一五五五年福建金沙書院翻刻該圖出售，閩南海商應熟知此圖。[4]

《楊子器跋輿地圖》和《古今形勝之圖》的另一特點，是繪有從西北至遼東邊界的長城圖。明代航海圖也參照繪出了從平涼到遼東的長城。

早在南宋時期，中國人已對中國海岸線的弧形輪廓有初步的體認，宋哲宗元符三年（一一〇〇年）的《華夷區域總要圖》印證了這點。進入明代以後，有了進一步的認知，明初的《大明混一圖》和《楊子器跋輿地圖》等，不僅提供了比較準確的輪廓，還增加了過去未列出的山東半島和海南島，只缺遼東半島部分。但明代航海圖雖成圖較晚，對江蘇以北部分和廣東西南部海岸走向的瞭解，卻遠不如以上兩圖，甚至將海南與廣東西南部連成一體，並且缺了山東半島與遼東半島，只有浙江、福建與廣東海岸線外形比較形似，這說明中國海岸線部分是依製圖者所掌握的航海資料繪成，未參照資料更全的其他圖譜。

儘管存在這些不足，明代航海圖仍有其作為航海圖的獨特價值。它不僅獨創一格地畫出前往海外貿易港口的航線及說明，而且在長城之北畫上了一幅很大的航海羅盤，上有二十四針位，使其作為航海地圖而不是普通地圖的特點躍然呈現出來。

在更早的明代地圖中，中國域外部分，只畫到朝鮮、日本和琉球為止，廣闊的南海諸邦只出現過鄭和出航時期的《鄭和航海圖》中。[5]其中只顯示船隊所經不同地段的海岸線和簡單山川特點，附以行船針位和航行更數，但未能畫出全地域陸地與島嶼的外形輪廓。因此，明代航海圖才是中國人真正繪

附錄　一幅展現了明代閩南人海洋視野的地圖

出的第一幅南海全域地圖。

明代航海圖的中國域外部分，也採用了與中國本土相同的地名與山川並列的特點，使全圖保持同一風格。但更重要的是，雖然此一時期歐洲人繪製的東南亞地圖已經相當先進，但明代航海圖的繪製完全是中國製圖者的原創，並未參照或抄襲歐洲人的地圖。

仔細對比這一時期歐洲人所繪地圖，不論是耶穌會教士在中國所繪的世界地圖或歐洲人在歐洲出版的亞洲地圖，都可發現從日本、琉球到南海諸島，明代航海圖的陸地與島嶼外形與歐洲地圖的差異多於一致。此一時期歐洲人製作的比較精良的代表性亞洲地圖，有一六〇六年比利時人Jodocus Hondius在荷蘭出版的亞洲地圖和一六二六年英國最著名的製圖家John Speed所繪的另一亞洲地圖。兩者雖時隔二十年，但所呈現的島嶼與陸地的外形輪廓卻大體一致，尤其是在南海諸島部分，與今人所瞭解的已相去不遠。相對的，明代航海圖中南海諸島外形的準確度，就比不上歐洲地圖，尤其是在婆羅洲和摩鹿加群島部分，差異更大，因此不可能是取材自歐洲地圖，屬於原創的可能性居多。

但正因為是屬原創，才更顯出這幅明代航海圖的珍貴之處：儘管它與歐洲地圖存有差距，卻真實反映了當時的中國航海家所瞭解的中國外部地理環境。也就是說，這是依據中國人的實際地理知識製作的，即使個別地方或與歐洲人地圖犯有同樣的錯誤，如均在呂宋島馬尼拉灣以南畫上東西相通的狹長海道，明代航海圖甚至明確標示「化人番（指西班牙人）在此港往來呂宋」。會畫出這條海道並做出標示，只是表明製圖者或曾從西班牙人處得到這一錯誤訊息，不能說是其以歐洲人地圖為藍本，也同樣畫出了一條海道。明代航海圖的的可貴之處，也就體現在這種原創精神上。

明代航海圖所反映出來的閩南人海外貿易網絡

　　明代航海圖的另一珍貴之處，在於它所包含的豐富商業網絡史料和地理信息，連貫這些網絡和信息的就是圖中以黑線標示的從泉州始發、通往四面八方的貿易航線。

　　在人類歷史上，這些將東亞國家和南海諸邦首次連成一氣的航線，看似雜亂無章，實際上卻道理深奧。

　　例如分別航向琉球與日本的兩條北方航線，各有其道，分頭進行，不相交叉。前往日本的終站，是從泉州直航的的五島列島（在平戶島西南外海），在十六世紀中期，徽幫海盜就已在此建立據點；李旦立足長崎、平戶後，這裡也是他的船隻往返台灣或越南等地的必經之地。他的弟弟歐陽華宇在一六二〇年病逝前，李旦就曾到這裡的華人廟宇為弟弟上香祈福。因此，明代航海圖上的日本航線，把終點畫到五島列島，是有其道理的。

　　到琉球的航線，則是從福州經釣魚台列嶼直航那霸，這是明代前往琉球的必經路線，也是十六世紀初期歐洲人將從事對日轉口貿易的琉球船隻擠出東南亞與中國水域後，中國貨物轉而經琉球轉售日本兵庫縣（神戶）和進入關西地區的重要通道。更早的《順風相送》一書也特別列出了這樣銜接起來的航線，說明了當時琉球作為中國禁止貿易對象的日本取得中國貨物的轉運國的重要地位。即使是一六〇九年日本薩摩藩島津家久侵占琉球之後，這種貿易模式也未中斷。明代航海圖中畫出泉州往五島列島和泉州經福州、琉球抵兵庫的對日不同航路，是對十七世紀中、琉、日之間這種錯綜關係的最佳詮釋。

　　明代對南海諸邦大抵分東洋與西洋兩個區位，菲律賓和婆羅洲（加里曼丹島），含摩鹿加群島，屬東洋部分，華人在歐洲人到來之前已進入這一水域。其餘島嶼和陸地，統稱西洋，包括爪哇、蘇門答臘、馬來半島和中南半

島等地，華人也早在鄭和下西洋之前，即已活躍各處。

明代航海圖中下東洋的航線，有從泉州出發直下呂宋（馬尼拉）再下文萊，然後向西抵馬來半島東岸口岸，而後穿越暹羅灣沿越南與海南島海岸線返回泉州的大循環航路。也有從泉州下呂宋，然後南下穿越蘇祿海（Sulu Sea）和西里伯斯海（Celebes Sea）直抵北摩鹿加群島中的特內特島的航路。《順風相送》中未提到前往特內特島的航路，這條路線可能是為了參與西班牙人與荷蘭人在該地區的丁香貿易競爭而開闢；閩南船隻出現此處，顯示了明代閩南人為因應新的世界貿易機會而不惜冒險犯難搶奪商機的靈活拚鬥精神。6

從泉州下西洋的路線更多樣複雜，而且從宋元以來已經存在。這些航線最南抵池汶（與現代的稱呼「帝汶」的閩南話發音相近），最西遠達地圖上以「古里」（印度西南海岸的加利卡特）標示的印度次大陸和從古里出發前往的阿拉伯世界和非洲東岸。在這個範疇內是圍繞越南、柬埔寨、暹羅、馬來半島、蘇門答臘、爪哇和池汶等地域的閩南人貿易網絡，起自泉州，沿越南海岸和暹羅灣沿岸至馬來半島東西兩岸、蘇門答臘環島海岸和爪哇島北岸的航線交叉穿梭其間，二三十個港口城市崛起在熱帶海岸線上，將整個南海及其周邊打造成全球最為繁忙的海域。

這就是明代航海圖所呈現的歷史場景。

一份珍貴的人類文化遺產

明代航海圖是十七世紀初期的產物，是閩南人航海成就的具體體現。這個成就可與曾在葡萄牙人的印度果阿殖民地任職的荷蘭人林士登（Jan Huyghen van Linschoten, 1563-1611）在一五九五年出版的《葡萄牙人東方航海旅行記》（*Travel Accounts of Portuguese Navigation in the Orient*），和在次

年出版的《海員林士登航行葡屬東印度記》（*Travel account of the voyage of the sailor Jan Huyghen van Linschoten to the Portuguese East India*）相比美。

這兩本書出版後，書中的亞洲航路記載，徹底打開了英倫海峽兩側的小國荷蘭與英國的眼界，相互開始與葡萄牙和西班牙角逐世界海上霸權；進入十七世紀以後，亞洲迎來了荷、英兩國的巨艦砲船，東亞的海權從此由葡、西、荷、英四國瓜分。

如果這個時期，明代航海圖也有幸像林士登的航行記一樣在市面上出版，引起更多像徐光啟（1562-1633）這樣渴望瞭解外面世界的中國人的興趣，並使中國人的思維開始由內向外轉向，那麼在往後的三、四百年間，亞洲的格局可能又是另外一番景象，世界也不會是由歐洲人獨自主宰。

但是，歷史並沒有如果，也沒有回頭路可走。中國終究有它自己發展的步伐，即使是有閩南人引領它與世界接軌，但還是無法跟上時代的巨變，最後為歐洲人遠遠拋在了後面，而且一落後就是數百年，直到現在才加速跟了上來。

在這個過程中，象徵著中國海洋發展成就的明代航海圖，後來到底是怎樣輾轉流入歐洲人的手中，可能永遠無法查清真相了。也許它在一六二五年李旦從台灣回到平戶病逝後，轉到了他的兒子李國助的手中，李國助最後又將它賣給了英國人；也或許在李旦離開台灣前留給了駐守其台灣魍港基地的顏思齊，並在顏思齊同一年去世後為其繼承人鄭芝龍取得，最後在鄭芝龍降清的兵荒馬亂中輾轉落到了英國人之手。但這都只是小說家或劇作家式的猜想而已，謎團終究無從解開。幸運的是，它在英國的著名圖書館內靜悄悄地安全藏放了三百多年，並終於重見天日。

作為記錄了閩南人海洋版圖和呈現閩南人海洋視野的一幅地圖，同時也是明代中國人與亞洲和世界交往的物證，明代航海圖無疑是一份珍貴的文化遺產。它不僅填補了中國地圖製作上的認識空白，也彌補了人們對南海海域

閩南人活動廣度與深度的認知不足。明代航海圖重新面世後，得到東西方學者的高度認可，證明閩南人在海洋史上的貢獻，是不會為後人遺忘的。

● 註釋

1　明朝中末期（一五七〇年代或之後出版）流傳作為船隻航行指南的一本羅盤針路書籍《順風相送》，該書的一本鈔本也藏於波德林圖書館，由原牛津大學校長勞德主教（Archbishop Laud）於一六三九年相贈，一九三五年北京圖書館研究員向達在該圖書館整理中文史籍時予以抄錄。該書最早在其「松浦往呂宋」條中提到北港，稱「……用丁未二更見小琉球（指台灣）雞籠頭山（至現在的基隆），巡山使上用丙午六更見北港沙頭大灣山」。當時一天分十更，六更為十四、五個小時，按此時程計算，北港應為台灣西海岸南部，與同時期海盜林鳳所占據的魍港同時存在。但到了十七世紀初期，北港與台灣北部常混用，如一六一七年成書的《東西洋考》稱：「雞籠山、淡水洋，在彭湖嶼之東北，故名北港，又名東番云。」（清代所編《明史》也依此一說法）但是荷蘭人占台後，北港在西南海岸的概念再度明確。崇禎九年（一六三六年）的彩色《皇明大一統總圖》（二〇〇五年五月至九月在台北台灣博物館的「地圖台灣特展」中展出）將台灣島畫為泉、漳外海上東北-西南走向的三個相連小島，北部為雞籠澹水（今基隆、淡水），中部為北港，最南部為彭湖，其中以雞籠澹水（淡水）最大，彭湖次之，北港最小。因此，製作於荷蘭占台之前的明代航海圖有關北港在台灣北部的概念，是與當時的中國人的瞭解相符的。

對於《順風相送》一書的成書年代，學界曾有各種推測，但書中提到長崎、呂宋等地名，並提及平戶松浦港（即川內浦港，當時稱柯子門）往呂宋的航線和長崎住有「佛朗番」（葡萄牙人）之事，而長崎在一五六〇年代才開始有中國船隻前往，一五七一年葡萄牙人首次抵達；呂宋（書中是指馬尼拉）也是在一五七一年才由西班牙人開港，之後與長崎通商。因此，可以確定該書成書於一五七〇年代或之後。

2　地圖中將泉州與漳州的地名緊貼一起，但泉州置於海岸線上，漳州置於內陸靠山區處，且未標示出當時唯一對外的港口月港，故推測是以泉州而非漳州為起點。

3　《泉州府圖說》共有二十九張包括彩色山川繪圖和二十六份圖說，是由先人曾為福建水師一員的一位福建人在美國國會圖書館發現，可從網上查看相關圖片：http://big5.ifeng.com/gate/big5/xm.ifeng.com/minnanwenhua/xiamen_2012_08/02/273436_0.shtml。

4　西班牙人於一五七四年購得該圖，現藏於西班牙塞維爾市（Seville）印度總檔案館。

5　載錄於崇禎年間明將茅元儀所編《武備志》中。

6　兩地距離近三千公里。

閩南人相關歷史要事年表

東周元王三年 （公元前七三年）	越王勾踐滅吳，為春秋時期中國的最後一個霸主。
東周顯王三四年 （公元前三三五年）	越王無彊伐楚失利，越人四散浙、贛、閩、兩廣等地，與當地土著結合，「百越」成為後人對中國南方各族的泛稱。逃往福建的一支稱為「閩越族」。
秦始皇三三年 （公元前二一四年）	秦始皇徙民五十萬人戍守五嶺，與越（人）雜處。
西漢武帝元鼎六年 （公元前一一一年）	今潮汕、興（寧）梅（縣）和今漳州南境龍溪、漳浦一帶設揭揚縣，為閩南地區最早出現的中原行政建制。
西漢武帝元封元年 （公元前一一〇年）	漢併「閩越」地，漢文化與漢統治力量進入今福建地區。
三國吳永安三年 （二六〇年）	設建安郡，下設東安縣，縣治在今南安市豐州鎮，為泉州地區設縣之始，轄區及於今漳州北境。
西晉武帝太康三年 （二八二年）	原建安郡改建安、晉安兩郡，晉安郡轄今福建東北沿海地區至閩江下游、閩南沿海和閩西山區的地面，郡治設今福州。東安縣改稱晉安縣。
西晉惠帝永興元年～南朝宋文帝元嘉一六年 （三〇四～四三九年）	五胡亂華，北地漢人數度南下入閩。西晉永嘉五年（三一一年）匈奴攻占洛陽，懷帝被俘，中原板蕩，有林、黃、陳、鄭、詹、邱、何、胡八姓入閩之說。
東晉安帝義熙九年 （四一三年）	自揭揚縣析設綏安縣，為漳州地區最早單獨設立的縣分，轄今漳浦的一部分和雲霄、東山、詔安等縣。今漳州北境仍屬晉安縣。
東晉安帝義熙一一年 （四一五年）	從陸路抵印度求法的高僧法顯於去國十六年後自海路返抵國門，證明最遲至第五世紀，中印兩國間的海上交通已成為陸上交通的重要補充。
南朝宋廢帝元徽四年 （四七六年）	西羅馬帝國滅亡，之後波斯薩珊王朝與東羅馬帝國兩百多年的對抗，阻礙了中國與西亞陸上絲綢之路的暢通，海上絲綢之路形成。
梁武帝天監六年 （五〇七年）	在今漳州地區南靖、平和縣一帶設蘭水縣。
梁武帝大同六年 （五四〇年）	析晉安縣，在今漳州地區龍海、漳浦、華安、薌城一帶置龍溪縣，與晉安、蘭水同屬自晉安郡析設的南安郡。
南朝陳武帝永定二年 （五五八年）	印度僧人真諦在泉州九日山附近建寺弘揚大乘佛法，三年後自泉州出海港搭船歸國。

唐高宗總章二年 （六六九年）	「蠻獠」割據，高宗派左玉嶺衛翊府左郎將陳政鎮守屬今漳州地界的綏安縣。
唐高宗儀鳳二年 （六七七年）	陳政病故，子元光領其眾，守漳水以北。
唐睿宗垂拱二年 （六八九年）	朝廷准陳元光之請，劃龍溪縣南境置漳州，陳元光為首任刺史。因其開發漳州的功績，後世尊為「開漳聖王」。
唐睿宗景雲二年 （七一一年）	原稱豐州或武榮的州名正式改稱泉州，州的政治經濟中心自靠近內陸的南安移至晉江下游出海口附近，創造了泉州進一步向海洋發展的有利條件。
唐玄宗開元二年 （七一四年）	廣州初設市舶司，檢查外國出入商船、征收關稅和收購官方專賣品。
唐玄宗天寶一四年 （七五五年）	安史之亂發生，陸上絲綢之路受到打擊，海上絲綢之路進一步發展。
唐德宗貞元一九年 （八〇三年）	陳淵為牧馬監，率蔡、許等十二姓至金門島上安家，金門島的開發於此開始。
唐宣宗大中一一年 （八五七年）	設嘉禾里，即今廈門，隸屬泉州。
唐僖宗乾符六年 （八七九年）	黃巢亂軍攻占廣州，屠殺居住當地的胡人貿易商，廣州的國際貿易主導地位逐漸衰退，後為泉州取代。
唐昭宗大順元年 （八九〇年）	阿拉伯大食帝國卡馬千教派作亂，干擾海上商業貿易，阿拉伯商船在南海馬來半島至中國一段的海上優勢，從九、十世紀之交起，逐漸由中國的遠洋航船取代，泉州遠航船隻日漸增多。
後梁太祖開平四年 （九一〇年）	唐滅亡後中國分裂，河南光州固始縣人王審知封閩王，治理閩國，即今福建地區，共在位二十五年，大力發展海外貿易，北地避亂文人進入泉州。
南唐保大五年 （九四七年）	泉州地方軍人留從效於閩國滅亡後割據漳、泉，大力改造泉州城，環城遍植刺桐樹，自此泉州在西亞客商當中贏得「刺桐」（Zaiton）的美稱。
北宋太宗至道元年 （九九五年）	占城國王遣專使到中國，一次進奉「犀角十株，象牙三十株，玳瑁十斤，龍腦二斤，沉香百斤，夾箋黃熟香九十斤，檀香百六十斤，崗雞二萬四千三百雙，胡椒二百斤，簟席五」。
北宋真宗景德四年 （一〇〇六年）	控制蘇門答臘島的佛教國家三佛齊擊敗爪哇國。
北宋神宗元豐六年 （一〇八三年）	位於馬來半島東段的狼牙修國遣使進貢，後自泉州乘船歸國。

北宋哲宗元祐二年 （一〇八七年）	泉州設市舶司，其國際貿易港地位不斷上升，有凌駕廣州之勢。
北宋哲宗元祐四年 （一〇八九年）	泉州海商徐戩受高麗財物，在杭州雕造佛經近三千片運往該國，為泉州與高麗間較早的海上貿易紀錄。
北宋徽宗崇寧四年 （一一〇五年）	泉州綱首李充往日本貿易，載運象眼布四十匹、生絹十匹、白綾二十匹、瓷碗二百床、瓷碟一百床，為泉州與日本間海上貿易的較早紀錄。
南宋高宗建炎三年 （一一二九年）	宋室南渡，不久立國馬來半島東岸的登流眉所產的沉香進入中國，深受權貴人家歡迎。
南宋寧宗嘉定一二年 （一一一七年）	日本僧人慶政上人隨泉州船隻抵達泉州，寄住開元寺，歸國時攜回開元寺福州版《崇寧萬壽大藏經》兩部。
南宋理宗寶慶元年 （一二二五年）	曾任泉州知府的宋朝宗室子弟趙汝适撰成《諸蕃志》，條述海船所至五十餘國地理概況。
南宋度宗咸淳十年 （一二七四年）	晉江安海人蘇光國放洋蘇門答臘、渤泥、波斯等地，居住夷國，為後人習稱的「華僑」先驅。
元世祖至元一四年 （一二七七年）	元兵南下，大食國住華商人後裔市舶司提舉蒲壽庚向元軍獻上泉、漳二州，保泉州免受兵燹之災。
元世祖至元一七～一八年 （一二八〇～一二八一年）	元軍自泉州造船，兩攻日本失利。
元世祖至元一九～二一年 （一二八二～一二八四年）	元自福建調兵，自海路攻中國貿易國占城，占城求和。
元世祖至元二六年 （一二八九年）	元朝開國後繼續推展海外貿易，尚書省大臣奏稱，主管海運的「行泉府」所管海船達一萬五千艘。
元世祖至元二八年 （一二九一年）	義大利人馬可‧波羅護送元朝公主遠嫁波斯，在泉州見萬商雲集、船舶往來如梭的景象。
元世祖至元三〇年 （一二九三年）	元軍自泉州南下攻爪哇，損兵折將三千，敗退而歸。
元武宗至大元年 （一三〇八年）	元遣使訪菲律賓群島的蘇祿國。
元英宗至治三年 （一三二三年）	全面開放民間船隻至海外貿易，歸國後抽稅。
元文宗至順元年～元順帝至元三年 （一三三〇～一三三七年）	南昌大旅行家汪大淵兩次自泉州出海，經澎湖、台灣、南海諸國，遠達錫蘭、印度西海岸和波斯灣。

元順帝至正五年 （一三四五年）	摩洛哥人伊本・巴圖塔抵泉州，形容泉州是與當時印度西南海岸的加利卡特（Calicut）和奎隆（Quilon）、黑海克里米亞半島東側的蘇達克（Sudak），以及埃及地中海岸的亞歷山大港（Alexandria）並列的世界最大港口。
明太祖洪武二九年 （一三六九年）	滿剌加國立國馬來半島西岸。
明成祖永樂元年 （一四○三年）	成祖命太監尹慶撫諭印度西岸南鄔國（今加利卡特），其國王遣使隨尹慶回訪中國。
明成祖永樂三年 （一四○五年）	鄭和首下西洋。廣東南海人梁道明遣兒子回國進貢。其人久居印尼蘇門答臘島三佛齊國，閩、粵軍民泛海從之者數千家。現稱孟加拉國的榜葛剌遣使入貢中國。
明成祖永樂四年 （一四○六年）	鄭和首次出航，首訪錫蘭。
明成祖永樂五年 （一四○七年）	居三佛齊國首都舊港的梁道明過世後，部屬陳祖義搶掠海上，鄭和自滿剌加返航，停留舊港，將其擒回南京斬首。
明成祖永樂六年 （一四○八年）	位於馬來半島東段的大泥國國王親率妻、子前往中國，死於南京，葬於安德門外。婆羅洲渤泥國王率妻、子和家屬隨返航鄭和船隊訪中國，病逝南京。榜葛剌再度遣使入貢中國。
明成祖永樂七年 （一四○九年）	鄭和第三次出航，停靠錫蘭，留下事先在南京刻好的紀念石碑，現藏於錫蘭首都科倫坡博物館。
明成祖永樂九年 （一四一一年）	滿剌加王為結交中國，防暹羅進犯，率妻、子和陪臣五百四十多人向明朝進貢。
明成祖永樂一二年 （一四一四年）	榜葛剌向中國進貢麒麟獸（長頸鹿）。
明成祖永樂一三年 （一四一五年）	明成祖派太監侯顯出使榜葛剌，國王派遣上千人馬港口相迎，再差人以大象和馬匹護送到都城板都哇，並在王城設明甲馬隊千餘，外列巨漢及孔雀翎傘蓋百數，又置象隊百數，親於殿前接待。鄭和助蘇門答剌國平其內亂。
明成祖永樂一五年 （一四一七年）	鄭和第五次出航，經泉州，行香伊斯蘭靈山聖墓。蘇祿國東王、西王和峒王各率妻、子與部屬共三百四十餘人隨鄭和船隊訪中國，前往北京朝見永樂皇帝，東王巴都葛叭嗒喇於回程經山東德州時病逝，厚葬於當地。
明英宗宣德八年 （一四三三年）	鄭和病逝印度西海岸南鄔國（今加利卡特），享壽六十有二。
明英宗天順三年 （一四五九年）	錫蘭王子世利巴交剌惹往訪中國期間，王位遭篡奪，無法歸國，遂在泉州定居，並就地娶妻生子。其後人以其名字首「世」字為姓，「世」氏子弟目前散居泉州、香港、台灣、菲律賓各地。

閩南人相關歷史要事年表

年代	事件
明孝宗弘治七年 （一四九四年）	葡萄牙、西班牙簽署瓜分世界的《托德希拉斯條約》（*Treaty of Tordesillas*）。
明孝宗弘治一一年 （一四九八年）	葡萄牙人達伽瑪繞經南非好望角抵印度西海岸的加利卡特。
明武宗正德五年 （一五一〇年）	葡萄牙人占領印度西海岸重鎮果阿。
明武宗正德六年 （一五一一年）	葡萄牙人占領馬來半島西海岸重鎮滿剌加（麻六甲）。
明武宗正德八年 （一五一三年）	葡萄牙人阿爾瓦雷斯率艦抵中國尋找通商機會。
明武宗正德一二年 （一五一七年）	葡萄牙人皮雷斯奉命出使中國，抵珠江口，在廣州上岸，後繫廣州監獄，死於中國。
明世宗嘉靖三六年 （一五五七年）	葡萄牙人正式定居澳門。
明世宗嘉靖四一年 （一五六二年）	中國商船抵日本長崎。
明世宗嘉靖四二年 （一五六三年）	閩南旁系廣東潮州人海盜林道乾受明將俞大猷追擊，逃入台灣北港。後南下占城，遁入大泥國定居。大泥女王將女妻之。
明世宗嘉靖四三年 （一五六四年）	西班牙人占領菲律賓宿霧。
明穆宗隆慶元年 （一五六七年）	明朝有限度開放海禁，民間船隻可自漳州月港出海至東南亞貿易。
明穆宗隆慶四年 （一五七〇年）	西班牙人自宿霧往征馬尼拉，途中首遇被稱為「生理人」的閩南商人，雙方建立了友誼，奠定了閩南人大批南下馬尼拉經商貿易的基礎。
明神宗萬曆二年 （一五七四年）	廣東海盜林鳳在福建總兵胡守仁的追擊下，自台灣魍港率七百多名戰鬥人員南下攻擊馬尼拉失利，但殺死西班牙遠征馬尼拉司令戈蒂。
明神宗萬曆三年 （一五七五年）	因林鳳事件，泉州出身的福建把總王望高前往馬尼拉打探消息，菲律賓總督拉維扎理斯派奧古斯丁會教會教士拉達，由王望高陪同，抵福建回訪，中國與西班牙初次建立官方接觸。
明神宗萬曆八～一一年 （一五八〇～一五八三年）	彭納羅扎擔任第四任菲律賓總督期間，因馬尼拉華人人數急速增長，決定劃定「澗內」為華人區，將分散居住的華人集中一處，以便管理。

明神宗萬曆一〇年 （一五八二年）	澳門猶太裔藍德羅（Bartolomeu Landeiro）名下前往九州口下津的商船在台灣西海岸遇難，停留七十六天後返回澳門，為歐洲人首度與台灣直接接觸。
明神宗萬曆一八年 （一五九〇年）	以漳州人為主的馬尼拉華人總數達四、五千之眾。
明神宗萬曆一一年 （一五九三年）	菲律賓總督達斯馬里納征討摩鹿加香料群島，被征調的中國船員不滿受虐，將其殺害。
明神宗萬曆二二年 （一五九四年）	日本軍閥豐臣秀吉派遣手下原田孫七郎途經台灣南下，欲訓令菲律賓總督達斯馬里納向日本進貢，福建巡撫許孚遠聞訊，增兵澎湖，並召馬尼拉華人回國定居。
明神宗萬曆二三年 （一五九五年）	荷蘭船隻首度航抵爪哇島西端的萬丹。
明神宗萬曆二八年 （一六〇〇年）	英國東印度公司在倫敦成立。
明神宗萬曆二九年 （一六〇一年）	荷蘭人范聶克的船隻首度航抵澳門，停留一個月。
明神宗萬曆三〇年 （一六〇二年）	荷蘭東印度公司在阿姆斯特丹成立。英國人在萬丹建立商館。
明神宗萬曆三一年 （一六〇三年）	荷蘭人在萬丹建立商館。荷蘭人進攻澳門失敗。萬曆皇帝派太監高寀率漳州海澄縣縣丞王時和等南下馬尼拉打探會產「金豆」的高山，因舉止張揚，引起西班牙人猜疑，事後令收繳華人鐵器，造成華人叛變，被殺害華人達兩萬兩千到兩萬五千之眾，多為漳、泉之人。
明神宗萬曆三二年 （一六〇四年）	荷蘭人以在馬來半島東岸的大泥（北大年）結識的漳州人李錦、潘秀等為先導，占領澎湖一百多天，為明將沈有容逐出。
明神宗萬曆三七年 （一六〇九年）	荷蘭人在日本平戶建立商館。日本九州島原藩藩主有馬晴信組織船隊入侵澎湖、台灣，為日本人武力侵略台灣之始作俑者；因遭強烈抵抗，一個月後撤回日本。
明神宗萬曆四一年 （一六一三年）	英國人在平戶建立商館。
明神宗萬曆四三年 （一六一五年）	居住平戶、長崎的閩南商人李旦兄弟的船隻抵達台灣從事轉口貿易。
明神宗萬曆四六年 （一六一八年）	荷蘭東印度公司總督科恩將公司營運總部自萬丹遷移至鄰近的雅加達，後改名巴達維亞。
明神宗萬曆四七年 （一六一九年）	荷蘭人任命泉州同安人蘇鳴崗為雅加達首任華人頭人，稱「甲必丹」。

明熹宗天啟元年 （一六二一年）	因泉、漳移民的湧入，日本平戶島主在平戶港區之南十幾里路的柯子（內浦）建二百所房屋，容納這些華人移民。
明熹宗天啟二年 （一六二二年）	荷蘭人二度占領澎湖。荷蘭總督科恩派艦隊往閩南沿海綁架村民一千四百多人，運往澎湖、巴達維亞當奴工，因虐死、病死和餓死者過多，最後抵達巴達維亞的華工只餘三十三人。
明熹宗天啟四年 （一六二四年）	明朝水師迫令荷蘭人撤出澎湖，允其退據台灣西南海岸的大員。在李旦手下任職的泉州人鄭芝龍的長子鄭成功在日本平戶島柯子（內浦）區出生。
明熹宗天啟五年 （一六二五年）	荷蘭人占台之前已經在台經營轉口貿易的平戶泉州華僑李旦和漳州人顏思齊分別在平戶、嘉義過世。鄭芝龍海上武裝勢力在台灣海峽崛起。
明熹宗天啟六年 （一六二六年）	西班牙人占領台灣北部基隆。據耶穌會教士的報告，在荷蘭人占領的大員，漳、泉之民為主的華人人數達六千人。
明思宗崇禎元年 （一六二八年）	西班牙人占領台灣北部淡水。鄭芝龍接受明朝招撫，任廈門海防遊擊。
明思宗崇禎三年 （一六三〇年）	鄭芝龍完全取得廈門控制權，廈門對台貿易地位崛起。鄭成功自日本平戶歸國。
明思宗崇禎九年 （一六三六年）	原雅加達華人甲必丹蘇鳴崗抵台灣，任荷蘭駐台長官政治顧問，並在台經營農業。
明思宗崇禎一二年 （一六三九年）	在馬尼拉的西班牙人再度屠殺當地華人，死者兩萬兩千人，仍多為漳、泉之人。據巴達維亞東印度公司評議會的報告，福爾摩沙的中國人人數總計八千。
明思宗崇禎一四年 （一六四一年）	荷蘭人取代葡萄牙人占領麻六甲。
明思宗崇禎一五年 （一六四二年）	荷蘭人將西班牙人逐出台灣。
清世祖順治三年 （一六四六年）	領有福建軍政大權的南明將領鄭芝龍師法宋末降元的泉州市舶司提舉蒲壽庚，投降滿清，反遭清人逮捕，解送北京。子鄭成功募兵抗清。
清世祖順治五年 （一六四八年）	因鄭、清對抗，難民湧入台灣，在大員的閩人達一萬四千人。
清世祖順治一六年 （一六五九年）	鄭成功喪師南京。
清世祖順治一八年 （一六六一年）	鄭成功進兵台灣。清人令沿海居民內遷，離海三十～五十里村莊田宅，悉遭焚棄，百姓死者無數。鄭芝龍及家屬共十一人為清人斬首於北京。

清聖祖康熙元年 （一六六二年）	荷蘭人撤出台灣，鄭成功病逝南台灣，子鄭經繼位。因鄭成功據台，馬尼拉的西班牙人心生恐懼，與華人相互猜疑，第三度造成屠殺華人事件，華人死者一萬人。部分華人渡海逃台投靠鄭成功。
清聖祖康熙三年 （一六六四年）	鄭經放棄在福建閩南沿海的經營，自廈門退守台灣。
清聖祖康熙七年 （一六六八年）	清朝平台水師提督施琅的奏疏稱：「自故明時，原住澎湖百姓有五六千人，原住台灣者有二三萬。至順治十八年，鄭成功帶去水陸偽官兵並眷口計三萬有奇，為伍操戈者不滿二萬。又康熙三年，鄭經復帶去官兵並眷口約有六七千，為伍操戈者不過四千。此後數年，雖稱有三十餘鎮官兵，但計算不滿二萬之眾。居民多悉閩地之人，鄭經得馭數萬之眾。」
清聖祖康熙二○年 （一六八一年）	鄭經去世，子鄭克塽繼位，清軍攻占澎湖。
清聖祖康熙二二年 （一六八三年）	鄭克塽降清，台灣併入閩省，除施琅帶至台灣軍民外，在台原鄭氏轄下軍民與漢人人口悉遭遣返大陸；因此，目前台灣漢人人口，實際上是清平定台灣後才陸續到台移民的後裔，非鄭成功祖孫三代留下之軍民的後人。另，部分鄭氏舊屬在清定台灣後，流亡東南亞，有一百七十多人任職占城國（今越南中南部）會安海關。
清聖祖康熙二五年 （一六八六年）	馬尼拉西班牙人四度屠殺華人，死者人數不詳。
清聖祖康熙二八年 （一六八九年）	日本幕府當局在長崎建「唐人屋敷」，即長崎的唐人街，居民多為閩南人。
清世宗雍正十年 （一七三二年）	清大學士鄂爾泰等奏准渡台者攜眷入台。
清高宗乾隆五年 （一七四○年）	荷蘭人屠殺雅加達華人，死者五千至一萬人，多為漳、泉之人。
清高宗乾隆一七年 （一七五二年）	閩粵人在台營生者達數十萬。
清高宗乾隆四二～四七年 （一七七七～一七八二年）	閩南人的旁支廣東潮州人鄭信在曼谷湄南河西岸建立吞武里王朝，為泰國現在恰克里王朝的前身。
清高宗乾隆四九年 （一七八四年）	泉州蚶江港開放為渡台口岸。長崎「唐人屋敷」大火，日本幕府當局在緊鄰的「新地」撥出空地擴建新的唐人街，為今天長崎新地中華街的前身。

閩南海上帝國——閩南人與南海文明的興起

作者	湯錦台
封面設計	蔡南昇
內文設計	呂德芬
執行編輯	劉文駿
行銷企劃	王綬晨、邱紹溢、劉文雅、黃羿潔
副總編輯	張海靜
總編輯	王思迅
發行人	蘇拾平
出版	如果出版
發行	大雁出版基地
	地址 231030新北市新店區北新路三段207-3號5樓
	電話 （02）8913-1005
	傳真 （02）8913-1056
	讀者傳真服務 （02）8913-1056
	讀者服務 E-mail andbooks@andbooks.com.tw
	劃撥帳號 19983379
	戶名 大雁文化事業股份有限公司
出版日期	2024年8月 再版
	定價 400元
	ISBN 978-626-7498-06-4
	有著作權・翻印必究

國家圖書館出版品預行編目資料

閩南海上帝國：閩南人與南海文明的興起 /湯錦台著. – 再版. –
新北市：如果出版：大雁出版基地發行,
2024. 08
　　　　　　面 ; 公分
ISBN 978-626-7498-06-4（平裝）
1. 航海 2. 中國史
557.46　　　　　　113008806